Reinos de los ÁNGELES terrenales

Reinos de los ÁNGELES terrenales

Más información de ángeles encarnados, fuerzas elementales, magos y otros trabajadores de la luz

Doreen Virtue

Grupo Editorial Tomo, S.A. de C.V.,
Nicolás San Juan 1043,
03100, México, D.F.

1a. edición, noviembre 2010.
2a. edición, febrero 2013.

© 2013, Grupo Editorial Tomo, S.A. de C.V.
Nicolás San Juan 1043, Col. Del Valle
03100 México, D.F.
Tels. 5575-6615, 5575-8701 y 5575-0186
Fax. 5575-6695
http://www.grupotomo.com.mx
ISBN-13: 978-607-415-233-3
Miembro de la Cámara Nacional
de la Industria Editorial No 2961

Traducción: Ivonne Saíd Marínez
Diseño de portada: Karla Silva
Formación tipográfica: Armando Hernández R.
Supervisor de producción: Leonardo Figueroa

Impreso en México - *Printed in Mexico*

Contenido

Una nota amable para el lector 7

1. ¿Eres un ángel terrenal? 11
2. Ángeles encarnados 39
3. Fuerzas de la naturaleza encarnadas 77
4. Gente de las estrellas 111
5. Los sabios: hechiceras, altas sacerdotisas, hechiceros, magos, chamanes y brujas encarnadas 139
6. Reinos mixtos e híbridos: ángeles místicos, caballeros, gnomos y gente del mar 167
7. Si sientes que perteneces a varios reinos... 193

Epílogo 205

Bibliografía para ángeles terrenales 213

Acerca de la autora 219

Una nota amable para el lector

El que tienes en tus manos no es un libro común y corriente de historias de ángeles, y tampoco trata sobre ángeles en el sentido usual de la palabra. Por lo general, mucha gente piensa que los ángeles terrenales son personas que hacen obras buenas, pero en las siguientes páginas se encuentra la descripción literal de quiénes son, como pronto lo comprobarás. El material contenido aquí podría sorprender, e incluso impresionar, a aquellos lectores que están acostumbrados a información más general de los ángeles.

Algunas personas podrían confundir la intención de este libro creyendo que apoya la idea de la división en grupos. No obstante, lo que presento aquí es únicamente una descripción de las características físicas, de la personalidad y del comportamiento de los ángeles terrenales, de manera muy similar a la información contenida en los libros de astrología. Los ángeles terrenales se identificarán con los conceptos que conforman este trabajo; sin embargo, otros podrían interpretar erróneamente, y hasta oponerse, a los datos que ofrezco en estas páginas. Mi intención es ayudar y sanar, aunque a veces dichas acciones provoquen controversia.

Desde la primera vez que se publicó *Ángeles terrenales* en 2002, he tenido la oportunidad de hablar con mucha gente sobre ese material. En mis programas de certificación, trato los reinos a profundidad y guío a mis alumnos para que averigüen a qué reino pertenecen. Estos estudios han aportado más información sobre nuevos reinos.

Cuando empecé a dar cursos sobre los reinos de los ángeles terrenales, descubrí que algunas personas no se identificaban con el tema. Al principio, supuse que se trataba de "aficionados", "metamorfos" o "evolucionistas" que habían conocido muchos reinos diferentes y no se integraban a uno específicamente.

Con el tiempo, me di cuenta de que esos individuos pertenecían a reinos nuevos que no se habían descubierto. Conforme empezamos a identificarlos, las cosas comenzaron a "embonar" en mi investigación; así, este libro es el resultado del estudio que realicé sobre reinos nuevos. Asimismo, encontré más datos relacionados con los que describí en *Ángeles terrenales.*

En estas páginas encontrarás parte del mismo material de *Ángeles terrenales*, el primer libro del tema. No obstante, mi intención y mis plegarias van dirigidas a que disfrutes la nueva información detallada que descubrí desde que se publicó el primer libro.

Estoy segura de que existen algunos reinos que aún no se han encontrado, pero que serán descubiertos en los próximos años, así que las aportaciones y los comentarios de todos ustedes al respecto son bien recibidos.

Las historias que conforman este libro son reales, y los individuos que las protagonizan dieron su consentimiento por escrito para que fueran publicadas. Los nombres también son reales, excepto el de tres personas que solicitaron el uso de seudónimos, y el de otros dos individuos que pidieron se escribieran sólo sus iniciales. Estoy muy agradecida con ellos por salir a la luz y contar sus historias, pues al compartir sus experiencias nos enriquecen a todos.

Capítulo 1

¿Eres un ángel terrenal?

¿Sientes que eres diferente a los demás, como si te hubieran dejado olvidado en este planeta, y te preguntas cuándo vendrán por ti para llevarte a casa? Si éste es el caso, entonces es probable que seas un *ángel terrenal*, que es sinónimo de *trabajador de la luz, índigo, cristal*, o de cualquier palabra con la que se describe a una persona que encarnó con el propósito expreso de ayudar a que el mundo sea un lugar mejor.

Todos los individuos nacen con una misión personal para aprender y crecer. Cada uno de nosotros elegimos un tema con el que trabajaremos una lección de vida particular, como la paciencia, el perdón o la compasión. Sin embargo, los ángeles terrenales también escogen una misión *global*, además de la personal y dicha misión global consiste en trabajar a favor del mundo.

Si sientes pasión y tienes talento para sanar, enseñar o ayudar a los demás, pero enfrentas problemas a causa del abuso de sustancias, del sobrepeso, de las relaciones conflictivas y demás, entonces eres un ángel terrenal. Si eres sumamente sensible y detestas cualquier forma de violencia, ¡entonces no hay duda de que eres un ángel terrenal!

A pesar de que todas las almas provenimos del mismo origen Divino, es normal que nuestro ambiente y nuestra historia personal determinen las características de nuestra personalidad y de nuestro físico. Por ejemplo, la apariencia física y los gestos de aquellos que dedican gran parte de su tiempo a surfear en playas tropicales son diferentes a los de las personas que se esconden en sus oficinas todos los días.

De igual manera, todas tus vidas anteriores han dejado huella en ti. Y así como tu familia física influye en ti, tu familia del alma determina tu apariencia, tu comportamiento, e incluso tu misión. Repito, todos somos iguales por *dentro*: un rayo hermoso e inmaculado de luz Divina. No obstante, como eres trabajador de la luz, *tu* rayo de luz ha permanecido en los reinos celestiales, lejos de la Tierra. Y las vidas que has vivido en el reino de los ángeles, en el reino de las fuerzas de la naturaleza o en otros planetas, han contribuido para que seas el que eres hoy. Aunque habitas un cuerpo humano, tu alma se siente como un viajero en un país desconocido, porque, en esencia, eso eres.

Desde luego que no todos son ángeles terrenales; para ellos, Dios eligió los rayos de luz más intensos y más grandes para la transición a la Nueva Era de Paz. Los humanos que no son ángeles terrenales viven su vida con la única intención de crecer, descansar o divertirse. Pueden parecer densos o nada espirituales, pero también son chispas Divinas de vida. Sencillamente dedican su vida a asuntos humanos, mundanos.

La misión vital de los ángeles terrenales

Si eres un ángel terrenal, entonces eres un trabajador de la luz poderoso que cuenta con un legado de sanación y de milagros que lo respaldan y lo preceden. Aceptaste la misión Divina de venir al mundo y compartir tus energías de sanación y tus enseñanzas. ¿Cómo vas con tu misión hasta ahora? Si te ha costado trabajo adaptarte a la vida en la Tierra, quizá podrías encontrar respuestas, consuelo y guía si recordaras tu origen espiritual.

Probablemente descubras que eres un ángel encarnado o una fuerza de la naturaleza; o una persona de las estrellas cuyas vidas pasadas han sido extraterrestres (ET); una sirena; un gnomo; un caballero paladín; o un sabio, que puede ser una hechicera, una alta sacerdotisa o una maga o mago encarnados. Eres un soldado con experiencia que debe entrar en acción, un ángel encarnado. Es posible que hayas tenido otras vidas en la Tierra como ángel encarnado, fuerza de la naturaleza, y demás; sin embargo, olvidaste dichas encarnaciones porque creíste que tus vidas pasadas fueron humanas.

El término *ángeles terrenales* no debe confundirse con el de *ángeles encarnados*, que es uno de los reinos de los ángeles terrenales. Conocer más cosas sobre el reino espiritual al que perteneces, te servirá para comprender mejor tu personalidad, tu comportamiento y tus rasgos distintivos. Como mencioné, esto es algo similar a la manera en la que nuestros signos astrológicos basados en los ciclos solares nos agrupan en las categorías correspondientes.

Mi primer encuentro con ángeles terrenales

La primera vez que tuve acceso a información sobre ángeles terrenales fue en mi consultorio, donde llevaba a cabo sesiones psíquicas, de comunicación con los espíritus y con ángeles. Las personas que recurrían a mí generalmente eran trabajadores de la luz que estaban retrasando el cumplimiento de la misión de su vida.

Jamás olvidaré al primer ángel terrenal que identifiqué en una sesión. Mientras recorría con la vista sus hombros, reconociendo su aura y a sus guías espirituales, vi la imagen física de un asta grande en forma de arteria que salía de su hombro izquierdo y se elevaba. Al levantar la vista para ver a qué estaba unida el asta, di un grito ahogado. ¡Allí, dando vueltas sobre su cabeza, había una nave espacial suspendida en el aire! Nunca me habían interesado los OVNIS ni los extraterrestres, y la verdad es que el tema me daba miedo. Dudé en decirle a la mujer lo que veía, pero había aprendido a confiar en mis visiones y a transmitirlas fielmente y al pie de la letra a la gente. Había descubierto que aunque yo no entendiera las visiones, ellos sí.

Así que respiré hondo y lo solté:

—Veo lo que podría ser una nave espacial suspendida sobre tu cabeza.

—Ah, sí —contestó ella como si nada—. Me ha acompañado toda mi vida. —Esa respuesta me dejó helada. No obstante, escuché con mente abierta cuando me explicó que la nave era su guía y su protectora y que siempre estaba presente, cuidándola y dándole información cuando la necesitaba. Comentó que había visitado la nave en sueños.

Poco después, recibí a muchas más personas con la misma conexión extraterrestre. Siempre he sabido distinguir la personalidad y los patrones de conducta, así que de inmediato noté que la "gente de las estrellas" tenía color de aura, rasgos faciales, patrones de relaciones y misiones similares.

Cómo descubrí los otros reinos

Gran parte de la información esotérica la recibo a través de mis guías y de mis ángeles, que me mandan mensajes cuando duermo o medito, o durante las sesiones en mi consultorio. Fue de esta manera como me dijeron que buscara encarnaciones de otros grupos de almas entre mis pacientes y los asistentes a mis talleres.

Primero, estudié a los *ángeles encarnados.* Estos hombres y mujeres tienen rostro angelical, cuerpo regordete, historias de relaciones codependientes, pero siempre están dispuestos a ayudar. Por ejemplo, Laurie es un ángel encarnado puro; es una enfermera rubia, muy dulce y atractiva, con una figura grande y curvilínea, y rostro en forma de corazón. Después de años de intentar que su esposo alcohólico recuperara la sobriedad, finalmente Laurie tomó la dolorosa decisión de divorciarse de él. Ahora quiere aprovechar su capacidad para sanar y está buscando la manera de poner un consultorio privado.

Después encontré al grupo conocido como *fuerzas de la naturaleza encarnadas*. Mi paciente Jayne es el típico miembro de este clan. De cabello rojo con corte de duendecillo y cuerpo delgado y larguirucho, Jayne es la viva imagen de alguien que usaría zapatos verdes de elfo con puntas enroscadas y cascabeles. Es estilista profesional de perros y férrea defensora de los derechos de los animales, y rompió su compromiso porque su prometido quería mudarse de las montañas donde ella creció.

—Él planeaba irse a la ciudad —explicó Jayne—. Yo me marchitaría y moriría si no viviera cerca de la naturaleza; y más si me mudara a la ciudad, donde prácticamente no hay árboles.

Durante muchos años supuse que esas categorías eran los únicos reinos de origen de los ángeles terrenales: ángeles encarnados, fuerzas de la naturaleza y gente de las estrellas. Cuando hablaba de estos grupos con mis alumnos, a quienes les doy asesoría espiritual, cerca del 80 por ciento reconocía que tenía afinidad con uno de los tres. Incluso lograba que los alumnos formaran grupos con los miembros de su clan espiritual. Los veía reír, llorar juntos y exclamar: "¿En serio? ¿Tú también? ¡Yo soy igual!", conforme intercambiaban historias de la vida en la Tierra desde la perspectiva de su reino.

Pero siempre había alumnos que no se identificaban con ninguna categoría. "¿Y nosotros los humanos, qué?", preguntaban.

Grant, mi hijo, por fin encontró la respuesta. Él tuvo una participación en mi curso de certificación de "Practicante de terapia con ángeles", en el norte de Miami, dando una plática breve a los asistentes sobre el uso de las velas en los rituales y los encantamientos. Durante un tiempo, Grant estudió espiritualidad wiccana y tenía mucha información para compartir. Al final de su charla, se dirigió al público y dijo:

—Ya sé cuál es la cuarta categoría y lo sé porque yo pertenezco a ella. Es la de los magos, altas sacerdotisas, brujas, hechiceros y hechiceras.

La audiencia dio un grito ahogado, seguido de exclamaciones como: "¡Sí! ¡Eso tiene sentido!" y "¡Eso es lo que soy!". La apreciación de Grant sonó convincente y tocó las fibras de aquellos que asistieron al seminario.

Desde entonces, he estudiado y entrevistado a muchas personas que pertenecen a este grupo, que ahora sé se llama *sabios.*

Cuando doy una conferencia o hablo del tema, recibo la confirmación de que este poderoso grupo de trabajadores de la luz pertenece a esa categoría.

Phyllis, a quien conocí y entrevisté, es el miembro típico de este clan. De cara ovalada y ojos grandes, su mirada ausente es la de una persona que ve más allá del universo físico. Lleva el cabello largo, y tiene un porte elegante, casi majestuoso. Cuando Phyllis vio las películas *Las nieblas de Avalón*, *El señor de los anillos* y *Harry Potter y la piedra filosofal*, se identificó de inmediato con las antiguas habilidades mágicas que poseyó alguna vez. También sabe que murió quemada en la hoguera porque en otra vida fue bruja.

Mis primeros cursos incluían una quinta categoría conocida como "ambulantes". Éstos son almas que de manera optativa toman un cuerpo adulto para cumplir su misión, sin tener que pasar por la infancia y la adolescencia. Aunque los ambulantes son almas sumamente evolucionadas que llevan a cabo misiones muy importantes, he descubierto que no conforman un reino de ángeles terrenales, más bien son un proceso. Por tal motivo, no se incluyeron en este libro.

Aquí encontrarás los reinos nuevos que he encontrado desde que *Ángeles terrenales* se publicó por primera vez. Ahora cuento con información de otros reinos en los que pueden encajar muchas personas que antes eran consideradas "aficionadas", "metamorfas" o "evolucionistas" (categorías del reino diverso). Siento que existen muchos otros reinos que aún no se conocen, pero que serán descubiertos con el tiempo. Queda claro que este ámbito requiere grandes cantidades de estudio de campo empírico.

Los efectos sanadores de esta información

Cuando empecé a hablar en público del tema, me di cuenta que estaba arriesgándome a que me mal interpretaran, así que limité mis charlas a los cursos de certificación porque los alumnos que asistían a ellos tenían una actitud especialmente abierta. E incluso entonces, esperaba a que estuvieran bien metidos en el curso para hablar de ángeles encarnados, fuerzas de la naturaleza, sabios y gente de las estrellas.

Cada vez que trataba la información, los alumnos expresaban un tremendo alivio, seguido de la sanación. Algunos ángeles terrenales entrevistados para este libro describen así su reacción ante el descubrimiento de su origen espiritual:

- "Desde que lo descubrí me siento aliviado. Ya no me considero tan raro y por fin tengo la sensación de pertenencia".

- "En cuanto supe a qué reino pertenecía, entendí que mi manera de actuar no tenía nada de malo".

- "Me consuela saber que no soy el único que se siente así".

- "Siempre supe que era diferente, y ahora todo tiene una explicación lógica".

- "Por fin entendí por qué tenía que ayudar a la gente a toda costa. Antes no comprendía por qué sentía ese impulso".

Este efecto sanador, junto con las exhortaciones de mis guías y la cantidad de información que ahora tengo, me alentaron a continuar estudiando el fenómeno.

Había empezado a escribir este libro muchas veces, pero nunca me pareció que fuera el momento adecuado —hasta ahora— para hablar del tema sin tapujos. Escribí al respecto en un capítulo que se llamó "Ángeles encarnados, fuerzas de la naturaleza, ambulantes y gente de las estrellas" en mi libro *Sa-*

nación con los ángeles. También redacté un artículo sobre el tema, el cual se reprodujo en varias publicaciones de metafísica y en mi sitio web www.angeltherapy.com. El capítulo y el artículo llamaron bastante la atención, y en cada conferencia, los asistentes solicitaban más información o me pedían que identificara a qué reino de los ángeles terrenales pertenecían.

Bronny Daniels, mi antigua asistente ejecutiva, se reconoció como gente de las estrellas la primera vez que describí a detalle las categorías. (Igual que muchas personas de las estrellas, Bronny es maestro Reiki.) Se identificó en particular con las Pléyades (un grupo de estrellas del Hemisferio Norte), y dijo que en dos ocasiones canalizó de manera espontánea el idioma pleyadiano. Bronny también sugirió con insistencia que escribiera este libro, y su petición finalmente me motivó para hacerlo, ya que al fin sentí que era el momento adecuado.

Hice la propuesta para el libro, la entregué a mi casa editorial y me respondieron que tratarían el asunto en la próxima reunión. Empecé a preguntarme si no sería un tema muy extraño para ellos. Bronny y sus amigos, que también son gente de las estrellas, hicieron oración para que la editorial aceptara publicar *Ángeles terrenales*. Y ésta no sólo dijo que sí, sino que también estuvo de acuerdo con publicar la versión actualizada que tienes en tus manos.

El siguiente paso era entrevistar gente que se identificara con el tema de las varias encarnaciones de los ángeles terrenales. Primero hice un cuestionario para los suscriptores de mis boletines informativos, la gente de las estrellas amigos de Bronny y aquellos que habían terminado el curso de "Practicante de terapia con ángeles". Pensé que recibiría unas cuantas encuestas contestadas, pero ¡cuál fue mi sorpresa cuando descubrí que la encuesta había viajado por todo Internet, y que tenía cientos de respuestas!

Características de los ángeles terrenales

Hay características que comparten todos los ángeles terrenales, pero también están aquellas que son propias de cada reino. En los capítulos de este libro encontrarás una descripción de las diferencias individuales de cada uno, así como de los denominadores comunes, entre ellos los siguientes:

—**Sensación de ser diferente, segregado o alejado de los demás.** Prácticamente todos los ángeles terrenales que he conocido, entrevistado o encuestado, dicen que se sienten "diferentes a los demás". En el caso de todos los reinos, salvo en el de los sabios, esta característica permanece hasta la adultez.

Kelly, que es un ángel encarnado, describe así la sensación: "Siento que no me adapto en ningún lado. Siempre tuve la sensación de que era una paria social. Cuando iba en la primaria, los otros niños me decían que era rara.

Yo me lo tomaba extremadamente personal y pensaba: 'Nadie me quiere'. Me sentaba a llorar durante horas. Me sentía impotente y me daba lástima, pues no entendía por qué me veían diferente.

"Estaba decidida a integrarme, y deseaba con desesperación que todos me quisieran. Pero hacer cosas por los demás era lo único que lograba que me sintiera adaptada. Después me di cuenta de que mucha gente se aprovechaba de mi bondad.

"Ahora que sé que soy un ángel encarnado, veo las situaciones desde otra perspectiva. Está bien ser diferente. Está bien que sea yo. Así es como debo ser. Y no tengo que hacer cosas por la gente para que sea como yo".

Muchos ángeles encarnados son objeto de burlas o de ataques verbales a causa de su apariencia, sus intereses y su conducta diferentes. Como Terry, una persona de las estrellas, recordó: "Mis hermanas siempre me presentaban como 'ésa a la que trajeron los OVNIS' ". Ahora Terry conoce la verdad que encerraban las burlas de sus hermanas, y ya no la lastiman sus palabras.

—**Intensa sensibilidad a las demás personas, a los químicos o a cualquier tipo de violencia.** A los ángeles terrenales les cuesta trabajo estar entre mucha gente porque se sienten bombardeados por las agobiantes emociones y las sensaciones físicas que emanan de los demás. Casi todos los ángeles terrenales han aprendido a evitar los químicos fuertes en sus alimentos, en los productos de limpieza y de tocador por las reacciones alérgicas. Rechazan cualquier forma de agresión, incluyendo discusiones, noticias negativas y películas violentas. Por lo general, la gente se burla de ellos por eso y les dicen que son muy sensibles. Pero esta sensibilidad es un regalo sagrado que los ángeles terrenales traen a este planeta, y que les permite saber de manera intuitiva dónde se requieren sus servicios. ¡No podrían deshacerse de su sensibilidad aunque quisieran!

El ángel terrenal Shelly dice: "Siempre me han incomodado las multitudes y los lugares donde hay ruido y caos. Por lo general, mi empatía es más un problema que una bendición. Muchas veces me siento dispersa y desorientada al menor aumento de la energía. Me cuesta trabajo vivir con otra gente, por eso vivo mejor sola".

—**Fuerte sentido de misión.** Aunque el ángel terrenal no sepa específicamente cuál es su misión, siente que ésta tiene que ver con enseñar y sanar a los demás. Así lo comenta Stav, un ángel encarnado: "Siempre supe que mi misión en la vida era enseñar, sanar, servir y hacer lo que está en mis manos para ayudar a nuestro aquejado mundo. Aunque no estoy seguro de qué debo hacer, estoy dispuesto a ayudar".

—**Historia de relaciones frustrantes.** Por lo general, los ángeles terrenales son criados por padres abusivos o ausentes emocionalmente. Y cuando llegan a ser adultos, atraen amigos y amantes abusivos. Muchos ángeles terrenales tienen relaciones amorosas con parejas infieles, abusivas física o verbalmente, que no se comprometen. Algunos son "enviados" como hijos a familias disfuncionales para que actúen como catalizadores sanadores, pero estos jóvenes ángeles terrenales sienten que son adoptados porque no se identifican con sus padres, ni con sus hermanos. Y la realidad es que ellos son su familia *física*, no espiritual. Otros ángeles terrenales eligen situaciones familiares complicadas para poder avanzar mucho más rápido en una vida. Únicamente el sólido compromiso de entender y sanar este patrón rompe con el hechizo lanzado sobre sus relaciones subsiguientes.

—Gente que no conocen les cuentan sus problemas y comparten con ellos información muy personal. La historia de siempre de los ángeles terrenales es que gente totalmente desconocida se acerca a ellos para pedirles ayuda o para compartirles detalles íntimos de su vida. Con frecuencia, las personas les dicen: "No sé qué tienes, pero me das confianza".

Alisann dice: "Eso me ha pasado toda la vida. Puedo estar en un lugar lleno de gente, y alguno se acerca a mí para contarme sus cosas más íntimas sin que yo se lo pida". Esta tendencia es más común entre los ángeles encarnados, ya que los integrantes de otros reinos han aprendido a usar el lenguaje corporal para evitar esta situación.

—**Lucen más jóvenes que su edad cronológica**. Quizá se deba a que comen más sano, hacen ejercicio y se cuidan mejor en general, o tal vez sea su perspectiva espiritual, pero generalmente los ángeles terrenales se ven más jóvenes que su edad cronológica. Casi todos los ángeles terrenales encuestados comentaron que la gente se sorprende cuando les dicen su edad. Una de ellas contó que seguían pidiéndole identificación cuando compraba licor, aun cuando ya tenía más de

30 años. La excepción son los sabios, cuyo cabello se llena de canas prematuramente y sus sombrías expresiones faciales hacen que parezcan más maduros que su edad cronológica.

—**Posiblemente cuentan con una historia, personal o familiar, de adicciones**. Ya sea comida, drogas, alcohol, cigarrillos, relaciones o todo lo anterior, algunos ángeles terrenales buscan refugio en sustancias o influencias externas para mitigar el dolor de sentirse diferentes o el temor que les causa su misión de vida. Un ángel terrenal lo describió así: "Descubrí que era más fácil sobrellevar mi vida si bebía y me drogaba. Esas sustancias hacían que me sintiera ligero, o me producían una sensación de adormecimiento, y permitían que olvidara por qué estaba aquí. Las drogas lograban que dejara mi misión en segundo plano. En ese entonces era un caso perdido".

—**Zumbido en un oído**. La mayoría de los ángeles terrenales (aunque no todos) perciben un zumbido fuerte en un oído. El sonido viene acompañado de situaciones estresantes o aparece de la nada. Para muchos es una molesta distracción, pero en realidad el ruido es información codificada enviada por el reino de los ángeles terrenales para ayudarlos a sobreponerse a los problemas mundanos. También contiene indicaciones y guía rclacionadas con la misión de los ángeles terrenales. Por fortuna, éstos pueden pedirle mentalmente al cielo que baje el volumen o el tono del sonido para que no les lastime los oídos.

⚜ ⚜ ⚜

¡Este libro es para y acerca de *ti*! Elevo mis plegarias para que te ayude a sanar las heridas sufridas por sentirte diferente, ser sumamente sensible, creativo en extremo, o no ajustarte a los parámetros de las normas, las expectativas y las organizaciones.

⚜ ⚜ ⚜

Cómo saber a qué reino perteneces

En cada capítulo se describe uno o más de los reinos de los ángeles terrenales que se conocen hasta ahora. Léelos para que averigües de qué reino provienes. Presta atención a las señales de tu cuerpo, como escalofríos, reacciones musculares o sensación de *déjà vu*. Si sientes que te identificas con más de uno (o con ninguno), es probable que pertenezcas a un reino aún no descubierto o seas una mezcla de dos o más de ellos.

Los ojos de cada reino tienen características únicas, así que ésa es una manera de distinguir a cuál perteneces. También puedes pedirles a tus amigos de actitud abierta que te ayuden a averiguarlo. Además, la gente que se ha graduado de mis programas "Practicante de terapia con ángeles" y "Ángel intuitivo" puede ofrecerte guía bien cimentada acerca de los reinos. Incluso algunos de ellos dan talleres sobre el tema.

No importa de qué reino provengas, eres un hijo amado del Creador. Tú, igual que todos, tienes una misión de vida importante, ¡y me da mucho gusto que hayas elegido encarnar en la Tierra en esta época!

Capítulo 2

Ángeles encarnados

Los reportes de la existencia de ángeles encarnados datan cuando menos desde la época del apóstol Pablo, quien escribió a los hebreos: "No cierren las puertas a los desconocidos, porque al dejarlos pasar podrían estar recibiendo ángeles sin saberlo". Mis libros *Visiones de ángeles*, *Visiones de ángeles II* y *Mi ángel de la guarda* contienen historias de personas que han conocido humanos que son ángeles encarnados.

Algunos ángeles toman forma humana por unos instantes para evitar una tragedia, y desaparecen sin dejar rastro antes de que los humanos salvados puedan agradecerles su intervención. Sin embargo, existen otros ángeles encarnados que eligen vivir toda su vida en un cuerpo humano, y es posible que ellos sean los trabajadores de la luz más queridos.

Cuando miras a los ojos de un ángel encarnado, ves amor puro, dulce e incondicional.

Los ángeles encarnados tienen:

- Rostros dulces en forma de corazón.
- Se disculpan y dicen "lo siento" a menudo.

- "Parecen" ángeles (hombre o mujer).
- Tienen boca en forma de corazón y ojos grandes, como de ciervo, que transmiten amor e inocencia.
- Tienen problemas de sobrepeso y comen en exceso.
- Son asistentes profesionales: profesores, auxiliares de vuelo, enfermeras y terapeutas.
- Se aclaran o se hacen luces en el cabello (no importa cuál sea su raza genética).
- Confían mucho en la gente.
- Les cuesta trabajo decir que no y se sienten culpables cuando reciben ayuda de los demás.
- Adoran a los ángeles, y coleccionan imágenes, libros, joyería y demás de ángeles.

- Tienen muchos ángeles de la guarda.
- Parece que están envueltos por un aura enorme que los hace brillar.
- Se enamoran del potencial de la persona y tratan de guiar su grandeza.
- Tienen relaciones codependientes con drogadictos y alcohólicos.
- Conservan las relaciones mucho más tiempo que la gente común y corriente.

Como dije en el capítulo uno, los ojos de cada reino son únicos. Los ángeles encarnados tienen una mirada dulce, pura e inocente, que transmite amor incondicional, como los ojos de un ciervo cachorro.

Muy a menudo me preguntan por los *ángeles reencarnados*, pero *encarnados* es un término más preciso. Es posible que un ángel haya vivido más de una vida con forma humana, pero si su vida más reciente la vivió como ángel, las típicas características ocultan sus verdaderos orígenes espirituales.

Muchos ángeles encarnados padecen problemas de salud, sobre todo fibromialgia, síndrome de fatiga crónica y complicaciones ginecológicas. Louise L. Hay, autora del libro *Sana tu cuerpo*, dice que los problemas de salud de las mujeres son producto de "la negación del ser y el rechazo a la feminidad"; y que los fibromas y los quistes son resultado de "mantener viva una herida provocada por una pareja, y un golpe al ego femenino".

Estos síntomas aplican por igual a ángeles encarnados hombres y mujeres, quienes miran más allá de la superficie cuando conocen a la gente y reconocen sus talentos, divinidad y potencial internos. Los ángeles encarnados comparten estas características con los ángeles del mundo espiritual, que solamente se fijan en la belleza interna y exhortan a los humanos a que pulan sus talentos naturales para que hagan del mundo un lugar mejor.

A menudo, los ángeles encarnados tienen amigos y amantes que ocultan su potencial con adicciones. Toman estas relaciones como "misiones" y tratan de ayudar a esas personas para que aclaren las dudas sobre sí mismos y se concentren en sus fortalezas y sus talentos. Por desgracia, generalmente eso conduce a relaciones frustrantes para las dos partes. A los ángeles encarnados les produce frustración tratar de sanar y componer a sus parejas, y éstas les preguntan: "¿Por qué quieres cambiarme?". Muchos ángeles encarnados creen que sus parejas sanarían si hicieran todo por ellas o les brindaran mucho amor. Y ésa es la solución, siempre y cuando los afectados acepten que necesitan sanar, y estén *listos* para hacerlo.

Mi experiencia con gente que padece problemas ginecológicos, en los senos y en la próstata, me indica que también sufren el síndrome de "los hombres y las mujeres que aman demasiado". Aunque no existe eso de dar demasiado amor, si una persona ama y *después se enoja* porque no es apreciada o correspondida, la ira acumulada se manifiesta en forma de síntomas físicos.

Muchos ángeles encarnados tienen historias de relaciones abusivas, y si se aferran a las emociones tóxicas de ese abuso, es obvio que su cuerpo proteste.

Energía, peso y comida

La tendencia a padecer el síndrome de fatiga crónica también es otra característica de la naturaleza de los ángeles encarnados, pues todos los reinos de los ángeles terrenales son sumamente sensibles a la energía. Sin embargo, a causa de su predilección por "hombres y mujeres que aman demasiado", los ángeles encarnados son vulnerables sobre todo a las energías tóxicas y al drenado de la energía. Les agradan las personas y es muy probable que trabajen en empresas grandes, a diferencia de otros tipos de ángeles terrenales.

Los ángeles encarnados tienen que practicar técnicas para proteger su energía y para limpiarse, como se describe más adelante. De lo contrario, es como si salieran a la lluvia sin gabardina. El ángel encarnado Kelly dice que esta práctica la ayudó en gran medida, y lo explica así: "Cuando un compañero de trabajo en particular pasaba a visitarme o se detenía a hablar conmigo, me sentía absolutamente vacía. Podría jurar que me robaba la energía. Poco después, leí que hay algunas personas que tienen 'ganchos' en sus campos de energía con los que se roban la tuya. Cuando descubrí que eso era lo que sucedía, puse en práctica todos los ejercicios del libro para proteger mi energía. Al poco tiempo, ese hombre se alejó de mí".

Cuidar bien de su energía también ayuda a evitar que los ángeles encarnados se refugien en la comida para aumentar su vitalidad. Muchos de ellos son comedores compulsivos, por lo que es muy común que estos trabajadores de la luz carguen peso extra en su cuerpo. Yasmín, un ángel encarnado, comenta: "Mi adicción al chocolate me trae exquisitos recuerdos del cielo, por eso me cuesta mucho trabajo dejarlo".

La comida les sirve para arraigarlos cuando se sienten distanciados, pero también la usan para aliviar el estrés, sobre todo los alimentos salados y crujientes, como las papas fritas y las palomitas.

Todo parece indicar que los ángeles encarnados tienen sobrepeso porque se protegen energéticamente con grasa, y no porque coman en exceso. Les cuesta trabajo bajar de peso, aun con dietas estrictas o ejercicio. Esto resulta más cierto en el caso de los ángeles encarnados que trabajan como terapeutas masajistas o que de alguna manera están relacionados con la sanación a través del tacto, ya que absorben las emociones tóxicas de sus pacientes y sus cuerpos se inflan como esponjas llenas de agua.

Con sus cuerpos voluptuosos, sus rostros exquisitamente bellos y grandes peinados, los ángeles encarnados femeninos parecen reinas de belleza de talla extra. A menudo les dicen: "Tienes una cara muy linda. Si bajaras de peso, te verías preciosa". Las actrices Delta Burke y Elizabeth Taylor son ejemplos de ángeles encarnados con estas características físicas.

Los ángeles encarnados masculinos parecen osos de peluche fornidos, como el actor John Goodman; o tienen rostros dulces e infantiles como el actor John Dye (que interpreta el personaje de Andrew en la serie de televisión *El toque de un ángel*).

Protección

Antes de salir a la lluvia, uno se pone una gabardina; pues bueno, de la misma manera, es necesario que te pongas tu "gabardina de energía" cada vez que vayas a ayudar a otro individuo. Cuando abres tu corazón a alguien, también te expones a recibir la energía de miedo residual que pudiera caerte encima. Esto no quiere decir que no ayudes, pero es como si asistieras a una persona que lleva mucho tiempo bajo la lluvia: es posible que esté cubierta de lodo y a nadie beneficia que tú también te ensucies. En otras palabras, cuando auxilias a otros para que limpien sus pensamientos y sus emociones, ellos liberan toxinas que pueden caer encima de cualquiera que esté cerca, incluso de ti, el que los ayuda.

Los ángeles encarnados tienden a ser los "sensibleros" de los reinos de los ángeles terrenales, y no pueden olvidar que deben recurrir a técnicas de protección antes de realizar cualquier trabajo de sanación. De lo contrario, es probable que adquieran más grasa corporal para protegerse y aislarse. La grasa extra no es necesariamente resultado de comer en exceso, por lo que descubrirás que el peso no desaparece aunque hagas dieta o ejercicio. Sin embargo, el relleno es una protección que puedes intercambiar por una capa de energía protectora o *escudo.*

Protegerte energéticamente no te toma más de unos minutos. Lo ideal es que lo hagas antes de *cualquier* sesión de ayuda/sanación, si ésta es voluntaria o si te genera un beneficio es irrelevante; tampoco importa si la persona a la que vas a ayudar es un desconocido, un paciente, un familiar o un amigo; y la duración de la sesión tampoco tiene que ver, pueden ser unos instantes o varios días. Sólo protégete cuando vayas a ayudar a alguien.

Pero si olvidas protegerte *antes* de la sesión, puedes hacerlo *durante* la misma; nunca es demasiado tarde. No obstante, para entonces quizá ya hayas absorbido algunos desechos psíquicos, por lo que tendrás que *limpiarte* al final. (En la siguiente sección se describe ese proceso.)

Basta con que tengas la intención de protegerte con una capa de energía y luz protectora para que sea posible. Ya está, y no hay manera de que te equivoques o se te niegue el acceso al escudo de luz o de energía. A cualquiera que tenga esta intención, se le concede inmediatamente, sin excepción.

Protegerte significa que te visualices, te sientas y/o te imagines rodeado por un escudo de luz. Ésta es la esencia de los ángeles, y se trata de una entidad viva, amorosa e inteligente a la que le pides que te envuelva y te proteja. No te preocupes, esta luz siempre es parte de la Luz Divina de nuestro Creador. Las llamadas fuerzas oscuras no tienen acceso a ella para compartirla con los demás (y aunque lo tuvieran, tampoco lo harían). Así que no es posible que llames por accidente a una energía baja para protegerte.

Puedes protegerte con luz de diferentes colores, dependiendo de tu intención. Repito, no se te negará la intención de envolverte con ella. El que pide, recibe, sin excepción (aunque a veces el ego intenta convencernos de lo contrario, ¡así que por favor, no escuches esa voz!). Entre los colores están:

— **Luz blanca:** ésta llama a los ángeles que te rodean para que te cuiden sin interrupción. Ellos te protegen y se encargan de que estés seguro y a salvo.

— **Luz rosa:** es la luz que debes pedir si estás con una persona negativa obsesionada con sus problemas. La luz rosa envía al exterior energía de amor hacia la gente que habla contigo, y al mismo tiempo manda al interior energía de amor hacia ti. Nada traspasa este escudo rosa, sólo pensamientos y energías de amor.

— **Luz verde esmeralda:** mírate o siéntete envuelto por esta luz cada vez que quieras sanar algún desequilibrio en tu cuerpo físico. Éste absorbe la luz en el lugar donde necesita energía sanadora.

— **Luz morada:** imagínate envuelto en luz morada, la cual eleva tu frecuencia espiritual, permitiéndote superar los problemas y ponerte en contacto con el nivel más elevado de guía Divina. La luz morada también aleja a las energías y las entidades bajas, y a los espíritus atados a la tierra.

— **Luz arco iris:** mira o siente que usas un abrigo de rayas de arco iris que aumenta tu capacidad para llevar a cabo trabajos de sanación en ti o en los demás.

Si lo prefieres, puedes protegerte con capas de luces de muchos colores para atraer los efectos benéficos de los diferentes colores. Por ejemplo, visualiza una capa triple de luz; primero la blanca, para la energía de los ángeles; después luz verde esmeralda para sanar; y por último, luz morada para elevar tu conciencia a la verdad más alta.

También puedes usar estos escudos para proteger a tus seres queridos, tu casa, tus autos, tu ciudad o tu país. Basta con utilizar los mismos métodos para imaginarte a la gente, los objetos, los lugares y las áreas envueltos con luz sanadora.

Limpieza

Es posible que olvides protegerte antes de una sesión, así que lo mejor es que limpies la energía con frecuencia para sacar de tu mente los efectos del miedo, o de la mente de los demás. La fatiga es el síntoma principal de la absorción de las energías bajas. Esta clase de agotamiento no cede a la cafeína, ni a las siestas, ni al ejercicio. La sensación de profundo cansancio es crónica, porque su origen es externo a tu cuerpo físico. Pero no te preocupes, es fácil eliminar la causa y el efecto de la fatiga.

Después de cada clase o sesión de sanación, o cuando te sientas muy cansado, utiliza las técnicas de limpieza de energía. Tus guías y tus ángeles pueden enseñarte métodos exclusivos para ti, pero a continuación encontrarás algunos de mis favoritos:

—**Corta cordones:** Ésta es una acción esencial para todos los sanadores y los maestros. Los alumnos y los pacientes que creen que necesitan algo de ti crean un apego hacia ti por medio de cordones etéreos, y al terminar la sesión drenan tu energía; aunque también pueden enviar *hacia* ti energía tóxica a través de los cordones. Por lo general, es un proceso inconsciente, aunque los clarividentes ven los cordones y los clarisensibles los sienten.

Para cortar los cordones, basta con que digas mentalmente o en voz alta:

Arcángel Miguel, por favor,
acude a mí en este momento

y corta los cordones de
miedo que están drenando
mi energía y mi vitalidad.

Si de verdad estás preparado para deshacerte de ellos, el arcángel Miguel cumplirá tus deseos de inmediato. En ocasiones, la gente se aferra a los cordones a causa de una malsana "necesidad de ser necesitado". Si es tu caso, pide al arcángel Miguel que te ayude a liberarte de los miedos que se ocultan detrás de ese deseo. (Recuerda que los arcángeles pueden estar al mismo tiempo con todas las personas que los llaman, y que no tienen restricciones de tiempo ni de espacio.)

—**Toma baños con sal de mar:** Si no estás cerca del mar para que nades en él, puedes reproducir sus efectos sanadores llenando tu tina con agua tibia y sales de mar, que encuentras en cualquier tienda naturista o spa. La sal pura extrae las energías tóxicas de tus poros. Asegúrate de elegir una marca que no contenga colores artificiales ni esencias sintéticas para que no introduzcas, sin querer, más químicos en tu cuerpo.

—**Convive con la naturaleza:** Las plantas y los animales ofrecen un grato descanso de la iluminación artificial, las frecuencias electromagnéticas, el timbre del teléfono y las presiones de otras personas. Además, las plantas también eliminan las toxinas negativas de nuestro cuerpo físico, mental y emocional. Cuando te sientas cansado, sal a dar un paseo a pie. También coloca una planta en maceta al lado de tu cama para que ella y sus hadas realicen su trabajo de limpieza de energía mientras duermes.

Los ángeles y la firmeza

Los ángeles encarnados nacen para ayudar y sanar, y llegan a la Tierra listos para cumplir con esa misión. Pero esa ansiedad puede ocasionar problemas si está desequilibrada.

Por ejemplo, los ángeles encarnados sienten tanto optimismo (y amor) hacia la humanidad, que a menudo les cuesta trabajo decir que no. Es necesario que aprendan a ser firmes con ayuda de un terapeuta, un curso, un libro o una grabación de autoayuda, porque muchos ángeles encarnados se dicen que no a sí mismos, por abnegación, pero dicen que sí a todos los demás.

Si piden ayuda, se disculpan con frecuencia, o de plano no delegan y luego se molestan porque nadie los ayuda y ellos tienen que hacer todo el trabajo. Esto puede convertirse en el "complejo mártir-víctima", que hace que los ángeles encarnados sientan que todos se aprovechan de ellos en lugar de reconocer que provocaron la situación. Algunos se sienten culpables cuando piden ayuda, incluso aunque soliciten dicha ayuda a sus ángeles de la guarda, ya que les da miedo "molestarlos". En ocasiones, este temor es el resultado de ser objeto de burlas y agresiones durante años. Los ángeles encarnados creen que tienen algo malo y que no merecen que los asistan. Desarrollan un patrón de autosabotaje y alejan las oportunidades.

La sanación para ello es la redefinición completa del tema de "recibir"; lo que quiere decir que estos ángeles deben entender que dan más y ayudan mejor a la gente si primero se dan permiso de recibir. Por ejemplo, si están decididos a ser sanadores, quizá necesiten un centro de sanación, dinero para publicidad, una computadora y otros accesorios; o tal vez necesitan dinero para dejar el empleo que les impide dedicarse a la práctica de la sanación.

Con respecto a este punto, algunos ángeles terrenales, entre ellos los ángeles encarnados, no aceptan que les paguen por sus tratamientos de sanación. Y esto es un problema en el caso de los ángeles encarnados que desean dejar sus empleos sin sentido, pero que dependen de ellos económicamente. Si aceptaran el pago de las sesiones o terapias de sanación espiritual, podrían dejar su trabajo y volverse sanadores o maestros de tiempo completo.

Es importante que el sanador y el paciente intercambien energía durante las clases o las sanaciones. En otras palabras, el paciente o el alumno tienen que retribuir con algo, que puede ser dinero, alimentos, servicios o un donativo a la causa favorita del maestro o del sanador. Alentar al paciente o al alumno para que retribuya es parte del proceso de sanación ofrecido por el ángel encarnado.

Muchos ángeles encarnados tienen "desequilibrios en el dar y el recibir". La ley de dar y recibir dice que cuando damos, automáticamente recibimos. Es el flujo y el corazón del Universo. Y es obvio que los ángeles encarnados dedican gran parte de su tiempo a dar. De hecho, la mayoría tiene profesiones de servicio, como medicina, docencia, terapia o industria de los viajes. Sin embargo, suelen bloquear el flujo de recepción que les corresponde a través del autosabotaje, la abnegación y el derroche del dinero.

La energía femenina es receptiva, y cuando un ángel encarnado mujer da demasiado, se desequilibra porque se queda con mucha energía masculina. Lo mismo aplica a los ángeles encarnados hombres. Dar constantemente sin dedicar tiempo para sí mismos, es otro factor que provoca fatiga a los ángeles encarnados.

Las afirmaciones que sanan este desequilibrio son: "Recibo lo bueno con amabilidad" y "Entre más me permito recibir, en mejores condiciones me encuentro para ayudar a los demás". Si los ángeles encarnados afirmaran estas palabras constantemente y adoptaran la costumbre de mimarse, estarían más abiertos para recibir en otros sentidos, como aceptar ayuda con su misión. Los ángeles encarnados sanos saben que aceleran el plan de paz de Dios si trabajan en equipo, pidiendo y recibiendo ayuda entre sí.

Los ángeles encarnados se sienten muy cómodos, cumpliendo las reglas y les da miedo infringirlas. Trabajan mucho y suelen rayar en el perfeccionismo cuando se trata de sus carreras. De hecho, las encuestas que respondieron los ángeles encarnados para este libro, estaban laboriosamente limpias y bien organizadas; a diferencia de las encuestas que entregaron los ángeles de otros reinos. Estas características les permiten que se sientan cómodos, trabajando en ambientes institucionales o académicos. Muchos ángeles encarnados laboran en escuelas, hospitales y aerolíneas; por lo general, los ángeles encarnados femeninos son contratados como enfermeras, profesoras y aeromozas, o en cualquier empleo que requiera un corazón lleno de amor y paciencia de santo. Siempre he pensado que es estupendo que tantos asistentes de vuelo sean ángeles encarnados, ¡pues los ángeles están acostumbrados a volar!

La vida personal de los ángeles encarnados

Debido a que los ángeles encarnados son físicamente atractivos y tienen un corazón enorme y bueno, casi no les cuesta trabajo atraer amigos o parejas sentimentales; sin embargo, su problema es encontrar relaciones *satisfactorias.* Es común que los ángeles encarnados vean a sus amigos y a su pareja como pacientes potenciales a los que pueden ayudar y enseñar. Inician relaciones con la pregunta: "¿Cómo puedo ayudar a esta persona?".

Como ya mencioné, los ángeles encarnados suelen enamorarse de adictos, a los que luego quieren enmendar. Con los amigos, generalmente interpretan el papel de terapeuta; es decir, los ángeles encarnados pasan horas escuchando los problemas de sus amigos. Y cuando tratan de hablar de sus propios asuntos, los amigos ponen fin a la conversación de repente. Éste es otro aspecto que desequilibra la vida de los ángeles encarnados en cuanto a dar y recibir se trata. ¿Quién escucha *sus* problemas?

Ya he dicho que los ángeles encarnados pueden ser "enviados" a familias disfuncionales como sus ángeles de la guarda, por eso se sienten totalmente desconectados de su familia biológica e incluso se preguntan si fueron adoptados, porque no tienen nada en común. Los ángeles encarnados no sienten que esas personas sean su "familia", y lo cierto es que no lo son. Se trata de almas desconocidas que los ángeles encarnados se ofrecieron a ayudar, por eso adoptaron cuerpo humano y viven con ellos.

Por su tendencia a ver la bondad y el potencial de los demás, los ángeles encarnados suelen conservar relaciones malsanas. Se quedan mucho más tiempo del que se quedaría una persona común y corriente.

Pamela, un ángel encarnado, describe así el patrón que sigue en sus relaciones amorosas: "Atraigo hombres que tienen el corazón herido y verdaderamente necesitan sanar. Me mantengo optimista con respecto a su sanación y a que mi amor los cambiará, pero eso no sucede. Me cuesta mucho trabajo ponerle fin a esas relaciones, y me toma un buen tiempo procesar el dolor y la separación".

Es común que los ángeles encarnados se comprometan pronto en una relación, y poco después de la primera cita decidan "salir formalmente", casarse o comprometerse, o vivir con la nueva pareja. El ángel encarnado Elizabeth dice: "Suelo tomar en serio a los hombres de inmediato, aunque haya cosas que no me gusten de ellos. No me agrada nada más salir".

Como los ángeles encarnados no se fijan antes de lanzarse al matrimonio, se casan por primera vez siendo muy jóvenes y pueden desarrollar una historia de varios matrimonios o uniones libres. Muchos de los ángeles encarnados encuestados para este libro iban en su tercero o cuarto matrimonio; cambiaron de esposa o esposo cada diez años, más o menos. Repito, el máximo ejemplo es Elizabeth Taylor.

A la mayoría de los ángeles encarnados le cuesta trabajo terminar las relaciones enfermizas con amantes, amigos o familiares abusivos. Igual que los apostadores, creen que si siguen intentándolo, con el tiempo la relación dará buenos resultados. Los ángeles encarnados viven bajo la ley de la reciprocidad y no les gusta abandonar a los demás, ya que les da mucho miedo que los abandonen. También se niegan a ser honestos cuando se trata de sus necesidades y sus sentimientos, por eso sufren en silencio en las relaciones, y desquitan su infelicidad consigo mismos. Al paso del tiempo, llegan al punto en el que ya no pueden seguir, y es entonces cuando dejan la relación o alejan a la otra persona.

Los ángeles encarnados también suelen tener amistades y relaciones malsanas y desequilibradas. Las amistades se basan en el dar y recibir, pero en estos casos por lo general sólo es de un lado, y el ángel encarnado siempre es el que ayuda, nunca el que es "ayudado". Se supone que los ángeles encarnados son los fuertes de la relación, y los "amigos" tienen derecho a recibir terapia, sanaciones y sesiones psíquicas ilimitadas y sin costo.

Con el transcurso del tiempo, los ángeles encarnados se fastidian de esa "amistad" desigual. Se dan cuenta de que no les interesan a sus "amigos" y que a ellos sólo les importa cómo pueden recibir la ayuda de los ángeles encarnados. Aunque éstos se sienten atrapados es un atascadero de culpas porque abandonan a sus necesitados amigos; la "ley de la atracción" también provoca que pierdan interés en los amigos que no comparten sus creencias.

Es muy útil para los ángeles encarnados contar con apoyo, sobre todo de otros ángeles que los comprendan. Los grupos de doce pasos de recuperación para amigos y familiares de alcohólicos Al-Anon y Codependientes Anónimos brindan un estupendo apoyo a los ángeles encarnados que intentan sanar sus relaciones. Los grupos de estudio de *Un curso de milagros* también son excelentes espacios para sanar la culpa. Es probable que encontremos ángeles encarnados en cualquier sitio o espacio que tenga que ver con ángeles, como seminarios, talleres o círculos de lectura donde se estudian textos acerca de estos seres celestiales.

Cada relación es una "misión" que ofrece la posibilidad a ambas partes de aprender y crecer. En las relaciones no existen víctimas, nosotros las elegimos, de manera consciente o al nivel del alma.

El ángel encarnado Nicole comenta: "He tenido cuatro relaciones de unión libre. Todas con hombres emocionalmente ausentes, abusadores, infieles y drogadictos. Aunque mi familia y mis amigos creían que era la víctima, entendía que nunca verían lo que yo veía en las almas de esos hombres. Sabía que en algún nivel, estaba ayudando a elevar su vibración.

"Mi última relación fue la más difícil y la más dolorosa. Un día, estaba viendo por la ventana y le dije a Dios que ya no podía seguir en esa relación. En ese momento, escuché que los ángeles me decían: 'Sabemos que es doloroso, pero, por favor, aguanta un poco más'. Me sentí completamente amada y tuve la fortaleza de terminar mi trabajo con ese hombre. Ahora estoy con mi alma gemela, que sigue su sendero espiritual. Sabe que soy un ángel encarnado y me ama como soy".

¡Despliega las alas y vuela!

La mirada de los ángeles encarnados está llena de compasión y amor inocentes. El reflejo del dolor personal es evidente, pero es superado por la mirada de Amor Divino. Los ángeles encarnados miran más allá de la superficie y ven el potencial de cada persona. Sus ojos reflejan picardía pura y juguetona en contraste con los de los sabios, que tienen en sus ojos la mirada evocadora y distante de las lecciones difíciles.

Los ángeles encarnados tienen los rasgos físicos clásicos de los ángeles que los artistas han representado; parecen ángeles, sean hombres o mujeres. Por su rostro y su forma de ser dulce, la gente los llama "ángeles" sin darse cuenta de la profunda verdad que encierran sus palabras. Como comenta Pamela: "Mucha gente se me acerca y me dice, 'Pareces un ángel' o 'Eres muy angelical'. Por lo general, son personas que no conocen mi trabajo, ni mi amor por los ángeles". Muchos dicen que ven, de manera clarividente, largas alas de plumas que salen de los omóplatos de los ángeles encarnados, y que de su cuerpo emana una intensa luz blanca.

Igual que los ángeles terrenales de los demás reinos, es importante que los ángeles encarnados permitan que brille su luz, aunque le teman al ridículo o al rechazo. Un ángel encarnado dijo: "A veces, una parte de mí quiere replegar las alas y ocultar mi verdadera identidad. Lo que en ocasiones provoca que no haga mi trabajo de sanación o que se me pasen las fechas límites para la publicidad de mi negocio".

Pero cuando los ángeles encarnados abren las alas y vuelan, transmiten una belleza absoluta. El ángel encarnado Judi sabe lo importante que es entregar todos los temores a sus ángeles de la guarda: "En este momento sé sin duda que voy por el sendero correcto. Todos los deseos de mi corazón se manifiestan ante mis ojos ahora que entregué y dediqué mi vida al servicio de los ángeles. Nada podrá quitarme eso nunca. La misión de mi vida y mi sendero jamás habían sido tan claros ni más gratificantes. ¡Luché durante muchos años, pero hoy siento que casi todo el tiempo floto en una nube!"

El empleo de los ángeles encarnados

Por lo general, a los ángeles encarnados les atraen las profesiones de servicio, y desempeñan un estupendo trabajo como sanadores y terapeutas (tradicionales y no tradicionales), profesores y miembros de la industria de los viajes. Casi todos los ángeles encarnados prefieren el trabajo individual al trabajo en equipo, o a hablar frente a un grupo de gente. Son expertos en emplearse en compañías grandes, ya que el trabajo gerencial requiere ética humanitaria. Los ángeles encarnados se entristecen cuando deben rendir cuentas a jefes o empresas sin ética.

Guía y sugerencias para los ángeles encarnados

Si eres un ángel encarnado, el tiempo que vivas en la Tierra será más tranquilo y próspero si no olvidas hacer lo siguiente:

— **Protégete con luz y energía, sobre todo antes de ayudar a alguien.** Así reducirás la necesidad de comer en exceso para protegerte con una capa extra de peso corporal.

— **Espera antes de decir "sí".** En lugar de aceptar automáticamente cada petición de ayuda, mejor date tiempo para meditar y analizar si es algo que de verdad forma parte de tu misión y de los deseos de tu corazón. Cuando la gente te pida algo, diles: "Déjame pensarlo" o "Yo te aviso". Esas personas respetarán el hecho de que cuides de ti.

— **Cambia la costumbre de disculparte por afirmaciones positivas.** Los ángeles encarnados tienen el hábito de disculparse cuando no han hecho algo malo. Esta costumbre proviene del deseo de tener contentos a todos, aunque eso signifique cargar con la culpa.

Para aumentar la felicidad que te corresponde y la que le corresponde a los demás, mejor usa palabras positivas. Adopta la costumbre de hablar de ti, de los otros y de las situaciones con frases alentadoras.

— **Practica ejercicio cardiovascular.** Éste sirve para controlar el estrés y el peso, y es importante para mantener sano el corazón de los ángeles encarnados.

— **Equilibra el dar y el recibir.** Asegúrate de consentirte con frecuencia.

— **Deja las reglas que limitan tu misión.** Fíjate si tienes "reglas" personales que cumples sin dudar, como: "Mejor no me vuelvo muy exitoso porque la gente sentirá envidia y eso le causará dolor". Cuestiona las reglas preguntándote: "¿Esta regla favorece mi misión o la entorpece?"

— **Delega.** Pide ayuda sin ofrecer disculpas.

— **Acepta el bien con amabilidad.** Permite que la gente te brinde ayuda, obsequios y halagos.

— **Juega.** Dale a tu niño interior mucho tiempo para que haga bobadas, sea libre y creativo.

Capítulo 3

Fuerzas de la naturaleza encarnadas

Éste es uno de los grupos más fáciles de reconocer de todos los reinos. Igual que los ángeles encarnados, las fuerzas de la naturaleza encarnadas lucen físicamente como sus homónimos; es decir, hadas, elfos, duendecillos, gnomos, animales encarnados y unicornios. Además de los ángeles de la guarda que todos tenemos, las hadas fungen como espíritus protectores de este grupo.

Es muy común que los miembros de esta agrupación tengan el cabello rojizo (rojo intenso, castaño rojizo o rubio rojizo), y herencia o aspecto celta, como tez rosada o pecas.

¿Ángel o fuerza de la naturaleza?

Quizá en el capítulo anterior te identificaste con los ángeles encarnados, sin embargo te sientes más compenetrado con las descripciones de las fuerzas de la naturaleza. Si no sabes con claridad si eres un ángel encarnado o una fuerza de la naturaleza, a continuación encontrarás cinco preguntas que puedes hacerte para ayudarte a distinguir entre los dos reinos.

1. **¿Cómo me siento con las reglas?** Si eres ángel encarnado, por lo general obede-

ces las reglas y te enojas con la gente que las rompe. No obstante, si eres una fuerza de la naturaleza encarnada, entonces no toleras las reglas y consideras que las personas que las acatan son débiles.

2. **¿Hay picardía en mis ojos?** Las fuerzas de la naturaleza son seres a los que les encanta divertirse, suelen ser bromistas y siempre buscan una oportunidad para reírse. Los ángeles encarnados tienden a ser serios y educados. Si no sabes si eres un ángel o una fuerza de la naturaleza, pregúntale a un amigo cercano si tienes mirada de "aquí habrá problemas". Esta característica corresponde únicamente a las fuerzas de la naturaleza. (Si no te queda claro si eres "pícaro" o "agradable", entonces es probable que seas gente del mar, es decir, una mezcla híbrida del reino de los ángeles con el de las fuerzas de la naturaleza, la cual se explica en el capítulo 6.)

Cuando miras a los ojos de una fuerza de la naturaleza encarnada, ves chispas de picardía o de alegría

3. **¿Qué clase de alas tengo?** Los ángeles tienen alas de plumas, mientras que las alas de buena parte de las fuerzas de la naturaleza son de mariposa o de libélula. Las alas son etéreas, no físicas.

Para determinar qué tipo de alas tienes, consulta a un clarividente o haz un trabajo de introspección y descúbrelo tú mismo. Concéntrate en tus omóplatos y siente, o mira (con el ojo de la mente), si las alas son grandes, emplumadas, como extremidades de cisne, o si más bien son alas bellas que emiten un zumbido como las de las mariposas o las libélulas.

También fíjate en tu tipo de cuerpo. Por lo general, las fuerzas de la naturaleza encarnadas tienen cuerpo esbelto, metabolismo rápido y sistema nervioso sensible; mientras que los ángeles encarnados son de cuerpo voluptuoso, metabolismo lento y personalidad apacible. La excepción es la gente del mar, que son híbridos voluptuosos del reino de los ángeles y del reino de las fuerzas de la naturaleza, de los que se habla en el capítulo 6.

4. **¿Cuál es mi relación con las adicciones?** La mayoría de los ángeles encarnados son codependientes, mientras que las fuerzas de la naturaleza son los adictos. ¡Las fuerzas de la naturaleza aman la fiesta y a los ángeles encarnados les encanta rescatar gente! La excepción es que muchos ángeles encarnados son adictos a la comida.

5. **¿Cuál es mi disposición?** Las fuerzas de la naturaleza tienden a tener estilos de personalidad apasionados y ardientes, mientras que los ángeles encarnados son pacientes y tranquilos (o cuando menos esa imagen presentan ante los demás).

Otras características distintivas

A veces, las fuerzas de la naturaleza encarnadas tienen dudas y creen que realmente podrían provenir del reino de los sabios. Esto se debe a que en el pasado tuvieron historias y relaciones con magos, brujas y hechiceros. Por eso, los sabios se sienten muy identificados con las fuerzas de la naturaleza. Después de todo, éstas estuvieron presentes cuando quemaron a las brujas, y es probable que se hayan quedado con residuos de dolor de esa época, aunque no fueron a ellas a las que mataron. Tal vez conserven recuerdos de las quemas y los confundan con sus propios recuerdos. La diferencia principal es que las fuerzas de la naturaleza son mucho más alegres que los sabios, que tienden a ser extremadamente serios, o incluso sombríos o secos.

De hecho, en ocasiones, las fuerzas de la naturaleza encarnadas se meten en problemas por su excéntrico sentido del humor. Sus bromas pueden ser inoportunas, ofensivas, subidas de tono o simplemente inapropiadas. Pero una de las misiones de las fuerzas de la naturaleza encarnadas es conseguir alegrar y hacer sonreír y reír al mundo, incluso a costa de sí mismos.

En el reino espiritual de las fuerzas de la naturaleza encarnadas, las hadas, los elfos y otros miembros, llevan a cabo fiestas nocturnas llenas de baile, canciones, cuentos y risas. ¡Conocen el valor espiritual que tiene la alegría y la dicha! Por eso no es de sorprender que sus contrapartes humanas también sepan cómo divertirse. Con frecuencia, las fuerzas de la naturaleza encarnadas se vuelven artistas, como comediantes, actores, bailarines y músicos. Como ejemplos de comediantes están Carol Burnett, Ellen DeGeneres, Eddie Murphy, Robin Williams y Red Skelton; actrices, Julia Roberts, y la socialité Paris Hilton.

Problemas que las fuerzas de la naturaleza encarnadas enfrentan en sus relaciones

Las fuerzas de la naturaleza estaban fastidiadas de que los humanos atacaran a la naturaleza, a los animales y al medio ambiente; pero como no podían hacer progresos siendo pequeños seres espirituales, decidieron adoptar vidas y cuerpos humanos para contar con más poder y participación en la limpieza del aire, el agua y el suelo de la Tierra, y para ayudar a los animales.

A decir verdad, las fuerzas de la naturaleza prefieren la compañía de los animales y de las plantas a la de la gente. Sienten una ira nata hacia la raza humana por el daño que le ha causado al planeta. Se dice que las fuerzas de la naturaleza espirituales son bromistas malintencionados, pero sólo actúan con malicia con los humanos que no respetan al medio ambiente. Por otro lado, les encanta ayudar a los humanos que reciclan, que utilizan productos amigables con la Tierra, que tratan bien a los animales y que respetan a la Madre Naturaleza. Algunas fuerzas de la naturaleza bromistas son pasivas agresivas, resultado de su falta de respeto hacia el derroche de los humanos.

En las relaciones, las fuerzas de la naturaleza encarnadas atraen parejas románticas gracias a sus habilidades musicales, artísticas o cómicas. Aunque después de iniciada la relación, se les acusa de ser "irritantes", "inmaduros", "obstinados" o "evasivos". Presentan los mismos rasgos de personalidad que los pequeños elfos, las hadas, los gnomos y similares. En el reino espiritual de las fuerzas de la naturaleza encarnadas, estos seres por lo general son coquetos y promiscuos; y las fuerzas de la naturaleza encarnadas también tienen estas características en sus relaciones.

Las fuerzas de la naturaleza son personas mucho menos orientadas que los ángeles encarnados. Les agrada relacionarse con otros para irse de fiesta, pero después piden que las dejen solas. Las fuerzas de la naturaleza también son propensas a las adicciones y al abuso de sustancias. Así que, en esencia, los ángeles encarnados se casan con adictos y las fuerzas de la naturaleza son los adictos.

Muchas fuerzas de la naturaleza encarnadas eligen profesiones en las que ayudan a la gente, pero generalmente es porque tienen la "vocación" para hacerlo. Igual que el hobbit Frodo, personaje del libro y la película *El señor de los anillos*, las fuerzas de la naturaleza encarnadas son héroes renuentes que ayudan a las personas porque tienen que hacerlo y no necesariamente porque quieran.

Necesitan mucho espacio y tiempo a solas, sobre todo al aire libre, en la naturaleza. Las fuerzas de la naturaleza son tímidas y muy reservadas, aunque en las reuniones sociales son extrovertidas. Parece que son muy abiertas cuando se trata de su vida personal, sin embargo hay cierta cautela que evita que revelen sus secretos más íntimos a menos que confíen plenamente en las personas, cosa que sucede en muy pocas ocasiones. Aplican la política "que se muera" con la gente que hay en su vida. En otras palabras, cuando las fuerzas de la naturaleza terminan una relación, la terminan en serio.

Las fuerzas de la naturaleza han aprendido a enviar señales a la gente cuando no quieren que las molesten. Evie habla por muchas fuerzas de la naturaleza cuando dice: "Personas desconocidas se acercaban a mí y me contaban sus problemas, pero con el paso del tiempo me cerré un poco porque me costaba mucho trabajo manejar los asuntos de otra gente".

Las fuerzas de la naturaleza son graciosas cuando se sienten cómodas, sobre todo si están en compañía de otras fuerzas de la naturaleza alegres y divertidas. En familias disfuncionales, adquieren el rol de la "mascota", por lo que ayudan a animar a los miembros de la familia ya que se sientan mejor consigo mismos. No obstante, las fuerzas de la naturaleza también son sensibles a la desaprobación, por eso se vuelven introvertidas, tímidas, e incluso a veces se alejan si no se sienten socialmente "seguras". Con frecuencia recurren a las drogas o el alcohol para sentirse cómodas en situaciones sociales.

Comparado con otros reinos de ángeles terrenales, las fuerzas de la naturaleza encarnadas son un grupo físicamente sano, casi no presentan problemas de salud, y esto quizá se deba a que les gusta pasar tiempo al aire libre, haciendo excursionismo y ejercitándose rodeados de aire fresco y sol. O es posible que el optimismo de las fuerzas de la naturaleza haga que les resten importancia o que ignoren los problemas de salud. El único patrón de salud perceptible en las encuestas respondidas por estos seres, fue una elevada frecuencia de depresión, y muchas fuerzas de la naturaleza encarnadas contaron que tuvieron asma cuando eran pequeñas. Esto concuerda con los reportes de que las hadas son sensibles a los químicos que transporta el aire y tienen que evitar los pesticidas en sus alimentos y jardines. También pueden padecer claustrofobia si pasan mucho tiempo en espacios cerrados, ya que necesitan sanas dosis de aire fresco.

Manifestación y magia

Las fuerzas de la naturaleza espirituales saben cómo manifestar todas sus necesidades. Ésta es una de las razones por las que hacen sus labores, como cuidar de las flores, con alegría y gozo. Las fuerzas de la naturaleza saben que no es necesario trabajar arduo para producir resultados positivos, la intención y la sinceridad son más importantes.

Las fuerzas de la naturaleza encarnadas evitan el trabajo difícil y a veces se les considera como zánganos que prefieren socializar en lugar de trabajar. Inconscientemente, recuerdan vidas en el reino espiritual de las fuerzas de la naturaleza en las que podían manifestar las necesidades materiales (comida, vestido, oro, vivienda, y demás) de la nada.

Como resultado, muchas fuerzas de la naturaleza encarnadas se sienten fuera de lugar en el mundo rutinario de los seres humanos, y comienzan a manifestar pobreza para sí mismas. Las fuerzas de la naturaleza que conozco también crean festines o hambruna. He encontrado muy pocas fuerzas de la naturaleza que hayan alcanzado seguridad económica, a menos que trabajen de manera consciente un proceso de manifestación, como el que presenta John Randolph Price en *El libro de la abundancia.* ¡Y comienza la magia! Las fuerzas de la naturaleza, igual que el reino de los sabios, tienen capacidades mágicas de manifestación. Cuando las utilizan, esas habilidades traspasan el tiempo y las leyes físicas, creando milagros y manifestaciones rápidas.

Las fuerzas de la naturaleza encarnadas tienen hadas, elfos o duendes como guías espirituales, y pueden llamar a estos ayudantes benévolos en cualquier momento con el sencillo pensamiento: ¡Ayúdenme, por favor!

Las fuerzas de la naturaleza y la naturaleza

Las fuerzas de la naturaleza verdaderamente son personas de la tierra y su espíritu. No les agrada en lo más mínimo estar mucho tiempo en espacios cerrados. Mientras que los ángeles encarnados se sienten cómodos trabajando en enormes edificios sin ventanas, lo que sería devastador para una fuerza de la naturaleza encarnada, ya que tienen que salir al exterior y estar en contacto con la naturaleza porque de lo contrario se deprimen. Las fuerzas de la naturaleza más felices son aquellas que tienen empleos al aire libre, como encabezar paseos o retiros en la naturaleza, trabajar en viveros o como guardabosques, hacer jardinería o pasear perros, por ejemplo.

Si las fuerzas de la naturaleza encarnadas tienen que trabajar en espacios cerrados, deberían solicitar una oficina con ventanas hacia un parque o una zona con pasto. De igual forma, las fuerzas de la naturaleza son felices con oficinas llenas de árboles en macetas, plantas, cristales y flores. Escuchar grabaciones con sonidos de la naturaleza, como el canto de los pájaros, las olas del mar, de la lluvia y cosas similares, también les hace mucho bien. Además, en sus oficinas deben tener fotografías de sus animales favoritos y figurillas de hadas y elfos. La aromaterapia con aceites esenciales naturales (no sintéticos) de plantas y flores, les ayuda a permanecer conectadas con la Madre Tierra cuando están en espacios cerrados. (Los aceites naturales se consiguen en casi todas las tiendas donde se venden alimentos naturales o en librerías metafísicas).

Es una buena idea que, en los recesos, las fuerzas de la naturaleza salgan a caminar, aun con las inclemencias del tiempo, ya que necesitan aire fresco mucho más que cualquier miembro de otros reinos. Y aquellas que trabajan en zonas industriales desprovistas de árboles y pasto, pueden dedicarse a observar la formación de las nubes, pues las fuerzas de la naturaleza deben tener contacto visual con la belleza de la impresionante naturaleza. Ésta y los exteriores son su templo, es donde las fuerzas de la naturaleza encarnadas se sienten más cerca de Dios.

Una fuerza de la naturaleza encarnada de nombre C. C., comenta: "Me siento muy renovada y llena de alegría en cualquier bosque o cuerpo de agua. Tomo asiento bajo un árbol y percibo cómo la energía positiva de la tierra sube a través de mi chakra raíz. Me siento totalmente segura cuando puedo ser yo misma sin más interrupciones que el suave contacto de la brisa o el sonido de los pájaros cantando sus melodías. Parece que el aroma del bosque me da fuerza y me eleva de manera natural. Cuando estoy allí, es como si pudiera conquistar todo. Es la comunión con la naturaleza en su máxima expresión. El calor del sol es muy reparador. Es algo especial y un privilegio que la naturaleza comparta la riqueza de su sabiduría conmigo. Soy capaz de olvidar todas esas cosas mundanas y rutinarias, puedo volver a ponerme en contacto conmigo y a centrarme. Cosa que no logro en una zona poblada, ni siquiera en el jardín sagrado que tengo en casa. No es lo mismo".

Gran parte de las fuerzas de la naturaleza encarnadas que fue encuestada, mencionó espacios naturales específicos en los que les gustaría vivir; mientras que miembros de otros reinos fueron más flexibles respecto al tipo de zona donde residirían. Casi todas las fuerzas de la naturaleza encarnadas señalaron: "Tengo que vivir en el desierto", "Debo estar cerca del mar", "Necesito vivir en el campo", etcétera.

Como ya lo mencioné, las fuerzas de la naturaleza encarnadas prefieren la compañía de los animales, las plantas, las flores o la naturaleza que a la de otro ser humano. Una fuerza de la naturaleza encarnada recordó que cuando era joven: "Nunca fui la más popular, eso es un hecho. Me encantaba la naturaleza y los animales, y todavía me gustan. Pasaba horas jugando bajo los diecisiete abetos que bordeaban mi casa. Incluso los contaba todos los días para asegurarme de que estuvieran allí. Siempre preferí jugar en contacto con la naturaleza, y me gustaban los arroyos escandalosos y saltar de piedra en piedra".

Muy en el fondo, las fuerzas de la naturaleza están enojadas con la gente porque son muy groseras con la tierra y muy pasivas con su limpieza. La excepción es cuando encuentran un compañero comprensivo y alegre, que generalmente es otra fuerza de la naturaleza encarnada.

Una vez que las fuerzas de la naturaleza deciden encarnar para adquirir más poder para ayudar a los reinos vegetal, animal y mineral, la misión de su vida casi siempre está relacionada con el ambientalismo y los derechos de los animales. Y quizá la ponen en práctica transmitiendo estos valores a los demás, o por medio de la participación directa en campañas, investigaciones, cuidado o limpieza de la tierra.

De hecho, para las fuerzas de la naturaleza es importante formar parte de alguna causa o profesión relacionada con el medio ambiente o los derechos de los animales para darle sentido a su vida. Además, se sienten mejor consigo mismas si hacen algo para mejorar el medio ambiente, como reciclar o usar productos de limpieza amigables con la Tierra, que se adquieren en tiendas donde venden alimentos naturales.

Cuando le pregunté a una fuerza de la naturaleza encarnada cuál consideraba que era su misión en la vida, su respuesta reflejó a muchas de las fuerzas de la naturaleza que he conocido y entrevistado:

—Mi misión es enseñarle a la gente cómo proteger a la tierra y a las criaturas que viven en ella. Veo que el planeta tiene muchos problemas por la avaricia y el engreimiento del hombre. Debemos hacer todo lo que esté a nuestro alcance para salvar a las plantas y a los animales antes de que sea demasiado tarde. Se ha perdido mucho, y otro tanto está en peligro. A muchas de nuestras criaturas se les acaba el tiempo porque el hombre piensa que es mejor que el resto de los seres. Si seguimos excavando y construyendo edificios, desperdiciando y exterminando, nadie nos agradecerá el páramo que dejemos.

Todos los reinos de ángeles terrenales tienen altos niveles de creatividad. Entonces, es lógico que las fuerzas de la naturaleza encarnadas conviertan a la naturaleza en objetos artísticos. Un hada encarnada me contó: "Me encanta utilizar las vainas de las plantas, las hojas, las piñas, los botones secos y las flores secas para hacer arreglos decorativos y de ornamento. Desde que era niña, he hecho casas y muebles miniatura al aire libre para las personitas".

Extremadamente protectores de la naturaleza

Como las fuerzas de la naturaleza son los ángeles de la naturaleza que Dios creó, no es de sorprender que las fuerzas de la naturaleza encarnadas se vuelvan protectoras casi maniacas de los animales, las plantas, la tierra y el agua. Muchas fuerzas de la naturaleza encarnadas que fueron encuestadas para la realización de este libro, me dijeron que han sufrido agresiones físicas o represalias por proteger a un animal, un árbol u otro elemento de la naturaleza:

E. J. escribe: "Me molesta que la gente le falte el respeto a la Madre Tierra y a sus criaturas. Si voy manejando y uno de mis amigos tira la colilla del cigarro por la ventana, me estaciono y los obligó a levantar el cigarrillo y a deshacerse de él de la manera correcta".

Devon (que no es su nombre real) recuerda: "Era un día soleado y estaba sentada en mi hermosa oficina, que tiene ventanales de piso a techo. Miraba los preciosos árboles, arbustos y colinas de suave pendiente que están justo pasando el estacionamiento, y me di cuenta de que se estacionaba una camioneta extraña. Un hombre que no trabajaba en el mismo edificio que yo, se detuvo en nuestro terreno a tomar su almuerzo. Ése no fue el problema.

"Pero cuando lanzó la larga botella de plástico de su bebida a un arbusto floreciente que estaba cerca de su camioneta, entonces sí hubo un problema. Al ver eso, una cierta ira primitiva hirvió en mi interior (por lo general, soy una persona tranquila, callada, relajada). Tomé a una compañera de trabajo y le susurré que me acompañara a la calle. Supongo que necesitaba apoyo moral para lo que iba a hacer.

"Me acerqué corriendo a la camioneta del hombre, gritando: '¿Qué clase de persona eres que lanzas basura a un arbusto?'. Sólo me miró con desprecio. Me dirigí hacia el arbusto y saqué la botella, arañándome las piernas durante la labor (iba con las piernas desnudas). En un instante de rabia desbocada, lancé la botella hacia la ventana abierta de la camioneta y le grité que se largara de inmediato o llamaría a la policía. Salió del lugar rechinando los neumáticos y diciéndome a gritos palabras desagradables.

"Mi compañera de trabajo me miró atónita, pues nunca me había visto actuar de esa manera en cinco años de conocernos. Me dijo:

'Estás loca, pudo haber sacado una pistola y matarte'.

"Entendí que tenía razón, pero no me importó. No iba a permitir que trataran de esa manera a mi amigo, el arbusto floreciente; no mientras yo fuera testigo de ello".

Pamela recuerda: "Cuando tenía como diecinueve años, me volví consciente de que era una con la naturaleza. Había rociado con limpiador de vidrios a una abeja que quedó atrapada en la repisa de la venta, y de repente me atacó el pensamiento: '¿Qué derecho tengo a matarla?'. De inmediato, llevé a la abeja a la parte frontal de la casa, la puse en el suelo y la enjuagué con agua. Mi madre creyó que era una locura que me agachara con veneración sobre una abeja muerta y tratara de resucitarla. A partir de entonces, ya no mato insectos. Hace poco, saqué un hormiguero de mi casa con una escoba. Después, con cortesía, pedí que ya no volvieran las hormigas, y una semana después dejaron de aparecer".

Los diferentes tipos de fuerzas de la naturaleza

Como mencioné antes, las fuerzas de la naturaleza encarnadas se parecen a sus contrapartes del mundo espiritual. Son versiones más grandes de hadas, duendecillos, gnomos y demás. Aquí algunos ejemplos de los varios tipos de fuerzas de la naturaleza:

—**Hadas:** Jenny mide 1.50 metros, figura esbelta, rostro bello, ojos grandes y largo cabello ondulado que cae hasta la parte baja de su espalda. Todo en ella dice a gritos: "¡Hada!", y bien podría fungir como modelo para cuadros o estatuas de hadas. También es dulce, sin pretensiones y tímida, igual que un hada. En realidad, Jenny está tan conectada con el reino de las hadas, que hace sesiones con ángeles y hadas de manera profesional, y con frecuencia utiliza mis *Cartas del oráculo, Sanación con hadas* (Grupo Editorial Tomo). Aconseja a la gente que la consulta que pase más tiempo en la naturaleza para que recargue su energía, y agrega: "Recuerda llamar a tus ángeles y a tus hadas constantemente para que te ayuden con tu misión y con todos los aspectos de tu vida. ¡Y tómate las cosas a la ligera, no seas tan serio! Solicita ayuda a las hadas para añadir magia y encanto a tus experiencias diarias y a tu vida en general".

—**Duendecillos, elfos y gnomos:** Evie es una cantante-letrista profesional de nariz respingona y cabello oscuro y corto. Dice: "La gente cree que parezco un duendecillo. Cuando era niña, me apodaban 'Campanita', 'Hadita' y 'Enana'. Constantemente, cuando termino de cantar, la gente se me acerca y me dice que piensa que soy un duendecillo, así que seguramente lo soy".

—**Unicornios:** Brian (no es su nombre real) tiene mentón protuberante, pómulos sobresalientes, ojos grandes y rostro como cincelado, igual que un caballo árabe. Por nostalgia a la crin del unicornio, Brian viste camisas largas y sueltas sin fajar en el pantalón, y prefiere traer el cabello largo. Si lo miras con atención, puedes ver o sentir un bello y trenzado cuerno de unicornio que sobresale de su frente. En las sesiones psíquicas, los clarividentes le dicen a Brian que sus guías espirituales son unicornios. Eso no lo sorprende, ya que siempre ha sentido cierta identificación con este extraordinario animal. De hecho, tiene muchos objetos con imágenes de unicornios. Su personalidad es la del cazador, persigue oportunidades y relaciones espirituales, y manifiesta de manera mágica nuevas puertas que se abren ante sí. Brian dice que sabe que es un unicornio encarnado. Hace mucho tiempo, sus guías y sus ángeles le dieron el mensaje.

—**Animales encarnados:** Bárbara considera que es un "gato encarnado", y dice: "Siento gran afecto por los gatos y las plantas, y mi cabello adquirió un sexy tono plateado desde que tenía veinte años. Estoy rodeada de muchos gatos caseros, y me comunico con las plantas y los felinos a las mil maravillas. No me agrada mucho la gente, pero la ayudo si es necesario, mientras no se interponga con el tiempo de paz que dedico a mi persona. Siempre he sido un gato. Venero a los gatos y creo que si la energía del Universo tuviera alguna forma, sería un estupendo gato. Como tal, sé cuando la gente va a hacer cosas malas; no sé exactamente qué cosas, pero de primera instancia me doy cuenta si la persona tiene buenas o malas intenciones. Quiero decirle al mundo que debemos respetarnos entre nosotros, a los animales y sobre todo a nuestra Madre Tierra... el medio ambiente".

—**Cristales encarnados:** No se confundan con los "niños cristal", que son seres sumamente sensibles y psíquicos; los cristales encarnados son almas que antes vivieron en la energía de los cristales, las rocas u otros elementos minerales de la tierra, por lo que se sienten muy conectados con la Madre Tierra, las rocas y los cristales. Les encanta hacer excursionismo y estar al aire libre, y son muy protectores con las rocas y el suelo.

La misión de las fuerzas de la naturaleza encarnadas

A las fuerzas de la naturaleza encarnadas les va bien en carreras relacionadas con las artes o los medios de comunicación, como la música, el cine, la comedia, la literatura, el baile, la industria editorial y el yoga. Como tienden a ser optimistas y son estupendas manifestadoras, también resultan oradoras sumamente motivacionales. Las fuerzas de la naturaleza adoran a los públicos y les va bien dando clases a grupos de gente. También disfrutan de empleos relacionados con la naturaleza, como cuidar o acicalar mascotas; practicar jardinería y atender viveros; dedicarse a la conservación y la silvicultura.

Consejos y sugerencias para las fuerzas de naturaleza encarnadas

— **Pasa mucho tiempo en la naturaleza.** Como he hecho énfasis muchas veces en este capítulo, es esencial que las fuerzas de la naturaleza encarnadas salgan al aire libre con frecuencia, a pesar del clima. Si perteneces a este reino, entonces quítate los zapatos y los calcetines y camina sobre el pasto o la tierra todos los días para que permanezcas unido y conectado a la tierra.

— **Ríe y juega.** Las fuerzas de la naturaleza que no se divierten con frecuencia, se deprimen. Así que busca la manera de hacer bobadas, divertirte y reírte todos los días.

— **Manifiesta de manera consciente.** Visualízate saludable, satisfecho, abundante y amado. Llama a tus contrapartes del reino espiritual de las fuerzas de la naturaleza para que te ayuden a manifestar tus deseos.

— **No eches lumbre.** El temperamento de las fuerzas de la naturaleza es legendario, y el de las fuerzas de la naturaleza encarnadas no es la excepción. Ten cuidado cuando hagas una rabieta porque literalmente lanzas lumbre de emoción ardiente. Esta lumbre puede causar dolor emocional o físico al objeto que provocó tu ira. Tu fuerza es como la de un volcán cuando haces erupción, así que por favor ten cuidado. Además, la energía regresa como bumerán y puede tener efectos dolorosos en ti. Si descubres que echaste lumbre sin darte cuenta, apaga su fuerza de inmediato pidiendo la ayuda de las fuerzas de la naturaleza espirituales.

— **Desintoxícate.** Eres más eficaz para manifestar con la energía elevada y estable de la sobriedad. También te sientes más contento y más sano si tu mente y tu cuerpo están desintoxicados.

— **Involúcrate en el ambientalismo.** Ofrécete como voluntario o haz donaciones a caridades relacionadas con la limpieza de la tierra o la protección de animales. Recicla religiosamente y gasta un poco más de dinero en productos de limpieza no tóxicos y amigables con el medio ambiente.

⚜ ⚜ ⚜

Capítulo 4

Gente de las estrellas

Las películas de Hollywood y los libros sensacionalistas representan a los extraterrestres como militaristas despiadados. Sin embargo, para ellos los agresivos son los que vivimos en la Tierra; nos consideran tan violentos, en realidad, que se les pidió a muchos extraterrestres que tomaran cuerpos humanos para impedir la destrucción masiva. A estas personas benévolas las conocemos como gente de las estrellas (o persona de las estrellas, en singular).

Demos gracias a Dios porque existe la gente de las estrellas. Vinieron de galaxias físicas y no físicas y aceptaron vivir en la Tierra para esparcir la bondad según "se necesite". Su amabilidad colectiva sirve para eliminar la ira, el estrés y la furia que podría conducir a una guerra nuclear. Si la Tierra es destruida, los efectos negativos se expandirían como onda a través de muchas galaxias. Entonces, la misión de las personas de las estrellas es prevenir una guerra nuclear a cualquier costo. La vía principal para cumplir con este noble objetivo es la expresión de la bondad y la cortesía comunes hacia los demás, un efecto dominó, si puede llamársele así.

En el momento menos pensado, la gente de las estrellas sonríe tranquilamente cuando realiza tareas desinteresadas por las personas que comparten su sendero. Aquellos que reciben su ayuda apenas lo notan, pues la gente de las estrellas no hace actos de servicio para ganarse elogios. Esas acciones son producto de una necesidad nata, como si un programa interno los obligara a actuar. No les preocupa que las personas les agradezcan en contadas ocasiones.

La gente de las estrellas está en cualquier sitio en el que se requiera bondad. Son cajeros en tiendas de comestibles, empleados postales, cajeros de bancos y agentes aduanales. Con su apariencia y personalidad agradables, prefieren quedarse "tras bambalinas". Su misión no requiere una visibilidad elevada, todo lo contrario, son "hacedores del bien encubiertos" que esperan que nadie les preste atención.

Ésta es la primera vida en la Tierra para muchas personas de las estrellas. Y como el planeta es muy violento, emocional y físicamente, con frecuencia se sienten abrumadas y desean volver a casa. Después de todo, la Tierra es uno de los planetas más turbulentos del Universo y, de hecho, los poderes universales nos tienen en cuarentena para que no hagamos daño a los demás planetas. Se considera que la Tierra es tan peligrosa como un adolescente que toma esteroides y porta un arma cargada.

Como a la mayoría de las personas le molestaría que los extraterrestres intervinieran, sin importar qué tan benevolentes pudieran ser, estos seres poderosos y gentiles eligieron tomar forma humana y pasearse entre nosotros. Por dentro, son como cualquiera: hermosas chispas de la luz Divina producida por el mismo Creador. No obstante, como la gente de las estrellas pasa la vida en espacios no terrenales, su comportamiento o apariencia pueden parecer extraños.

Les cuesta trabajo todo lo relacionado con lo social debido a su falta de experiencia en la vida en la Tierra, por eso la gente de las estrellas siente que los demás la rechazan. Muchas personas de las estrellas que entrevisté para este libro, contaron historias de que fueron molestadas despiadadamente cuando eran niños, y a veces también siendo adultos.

Estas experiencias hacen que la gente de las estrellas añore su hogar en un planeta donde es aceptada y conoce las reglas de comportamiento social. Linda, una persona de las estrellas, recuerda: "Cuando era adolescente, acostumbraba sentarme en el patio delantero de mi casa y rezaba para que un OVNI viniera por mí y me llevara a casa".

En esa misma línea, la persona de las estrellas Scott, cuenta: "Metafóricamente, toda mi vida había tenido hechas mis maletas y había estado listo para irme a casa. Prefería trabajar como guía desde el otro lado. Recuerdo que estaba en otro planeta antes de que me pidieran que viniera a participar en el drama actual de la Tierra".

Por lo general, la gente de las estrellas tiene características físicas distintivas que los diferencian. Aunque pocas veces alcanzan la estatura promedio, casi todas las personas de las estrellas de género masculino son altos y delgados, mientras que las de género femenino son de estatura baja y de cuerpo delgado o rechoncho. Claro que hay excepciones, pero en general el cuerpo de la gente de las estrellas, igual que sus vidas, no cumple con la norma de peso y estatura.

Sus rostros son largos y delgados, sobre todo si tienen cuerpos altos y esbeltos. Aquellos que son bajos, tienen caras redondas. Parece que el planeta de origen influye en sus características físicas específicas.

La gente de las estrellas tiene ojos poco comunes, como iris de colores exóticos o forma inusual de ojos y párpados.

En general, las personas de las estrellas tienen ojos de forma y color poco comunes; es normal que sean en forma de luna creciente, como "U" invertida, de colores gris, verde o marrón oscuro que parece que brillan desde dentro, como si estuvieran iluminados por intensas luces por la parte de atrás. También tienen aros de color más claro alrededor de sus pupilas.

Como a la gente de las estrellas no le gusta llamar la atención, se viste de forma cómoda y práctica y no como si fuera a un desfile de modas. Las personas de las estrellas de género femenino usan muy poco maquillaje y no les agrada pelearse con su cabello. Incluso una persona de las estrellas que es estilista me dijo que no dedica mucho tiempo a teñir o arreglar su cabello.

Tienen personalidad paradójica; por un lado, están ansiosas por asistir a la gente sin que les pidan ayuda, pero al mismo tiempo son precavidas y distantes, por lo que pueden ser consideradas "frías". Están aquí para ayudar, sin que sea necesario que se involucren profundamente en el proceso de los sentimientos y las emociones, que les son desconocidas. Para ellas, es más importante terminar sus tareas que cultivar relaciones.

La gente de las estrellas adora la tecnología y por lo general es la primera en tener (o inventar) los últimos aparatos. Coleccionan celulares con servicio de telefonía y correo electrónico más modernos, junto con otros artilugios tecnológicos. Parte de la misión colectiva de sus almas es promover el ingenio tecnológico en beneficio del avance de la ciencia y de la humanidad.

Es curioso, pero no hay mucha gente de las estrellas famosa porque no les encanta llamar la atención; es más factible que dirija una película a que la protagonice. Sin embargo, Oprah Winfrey y Keanu Reeves son personas de las estrellas famosas con misiones muy elevadas que utilizan a los medios de comunicación como vehículo para enseñar. Muchos creen que la película *Matrix*, cuyo protagonista es Keanu Reeves, contiene un mensaje oportuno que nos advierte sobre la dependencia tecnológica.

Muchas personas de las estrellas no saben cuál es su misión y se sienten aliviadas cuando descubren que se trata de que sean útiles de manera constante y no específica; en otras palabras, que ayuden en el modo que sea necesario. No hay un "trabajo" o "tarea" específicos que deban realizar a lo largo de su vida, siempre y cuando se esfuercen por transformar los ceños fruncidos de los humanos en sonrisas.

La persona de las estrellas Kath dice: "Siento como si me hubieran puesto aquí para que estuviera disponible para ayudar a todo y a todos los que necesiten mi asistencia. No transcurre un día sin que alguno solicite mi ayuda, de una forma o de otra. Ha resultado frustrante porque no siento que tenga una 'misión real'". Kath sintió alivio cuando descubrió que sus continuos actos de bondad y ayuda en realidad representan su misión.

Las conexiones con casa

A la mayoría de la gente de las estrellas les interesan los OVNIS, la vida en otros planetas, los viajes espaciales y los extraterrestres. Les encanta la serie de televisión *Viaje a las estrellas* (tanto la versión antigua como la reciente), los libros de ciencia ficción y cualquier cosa que tenga relación con esos asuntos y temas. Se sienten completamente identificados con las películas *El visitante: K-Pax* y *Hombre mirando al sudeste,* dos largometrajes sobre gente de las estrellas en cuerpos humanos que son diagnosticadas con delirio porque hablan con la verdad sobre sus orígenes fuera de esta Tierra y son internadas en instituciones mentales.

Cuando son niños, las personas de las estrellas descubren que comprenden la espiritualidad de manera intuitiva. Muchos evitan la religión tradicional porque les parece muy restrictiva en comparación con la noción que tienen de la vastedad del Espíritu. La persona de las estrellas Terry comenta: "Siempre imaginé a Dios como una Inteligencia Universal mucho más grande que lo que claman las iglesias convencionales". Es probable que dicho conocimiento sea producto de muchas vidas de conciencia y experiencia de alto nivel.

Gran parte de la gente de las estrellas recuerda que ha estado, o cree que estuvo, a bordo de naves espaciales en esta vida. Varios de los encuestados hasta saben de qué planeta vienen. Claro que ese material no suele discutirse en compañía de gente educada. Recuerda que se trata de gente de apariencia muy ordinaria que sabe que no proviene de la Tierra. Son nuestros vecinos, nuestros compañeros de trabajo y demás, que hacen que sea mucho más fascinante leer sus historias. Aquí están algunas de ellas:

—**MaryKay**: "A través de la visualización guiada, me llevaron de viaje a conocer mi casa. Jesús fue mi guía. Entramos a lo más profundo de la tierra y de repente, ya estábamos en el cielo. Terminamos en una estrella muy brillante, tanto que no podía ver a nadie. Allí sentí el amor que había estado buscando toda mi vida. Cuando pregunté dónde estaba, de inmediato escuché la palabra Sirio nunca había escuchado esa palabra, o el nombre de esa estrella".

—**Linda**: "Siempre sentí que venía de las Pléyades. Ni siquiera sé cómo se escribe. ¿Por qué siento que vengo de allí? No lo sé. Es sólo un presentimiento".

—**Scott**: "Sé que mi última vida la pasé en un planeta que se llama Zerón. Según recuerdo, me ocupaba del bosque. Mi cabeza era mucho más grande y era muy alto. Era un planeta para descansar y relajarme entre lecciones. Era muy bello y verde, un tanto exuberante. Pasé buenos momentos allí".

Los seres que viven en otros planetas tienen una expectativa de vida mucho más larga que los seres de la Tierra. Esto se debe a las diferencias fisiológicas de sus cuerpos; además, no se someten al estrés, ni a la contaminación, ni a las dietas tóxicas que dañan y desgastan a los cuerpos de la Tierra. En realidad, muchos extraterrestres tienen cuerpos no físicos en otros planetas porque es lo mejor para su misión en ese momento. Pero la razón principal por la que los seres de otros planetas tienen vidas más largas es porque entre más viven, más aprenden.

Así que una vida en otro planeta podría equivaler a tres o cuatro vidas aquí en la Tierra. Por eso, algunas personas de las estrellas eligen vivir dos o más vidas aquí durante su "misión". Siguen siendo gente de las estrellas porque gran parte de la historia de sus almas la han pasado en suelo fuera de la Tierra.

Cuando se someten a regresiones a vidas pasadas, a veces sucede que los recuerdos no les pertenecen. Dolores Cannon, escritora y terapeuta dedicada a conducir regresiones a vidas pasadas, hizo este extraordinario descubrimiento cuando trabajaba con un paciente de nombre Phil. Durante las regresiones, Phil recordó varias vidas en la Tierra, y después recordó haber estado en un planeta completamente diferente.

A través de una serie de regresiones, Dolores descubrió que ésta era la primera vida de Phil en la Tierra. Sin embargo, "tomó prestados" recuerdos de vidas pasadas de un tipo de biblioteca espiritual. Esas memorias prestadas de otras vidas en la Tierra ayudaron a aislar y a proteger a Phil mientras se adaptaba al difícil y denso ambiente de este planeta. Sin esos recuerdos de vidas pasadas, la violencia, la competencia y la avaricia hubieran impactado al sistema de Phil. Dolores escribe sobre Phil y sus experiencias como persona de las estrellas en su estupendo libro *Guardianes del jardín*.

Aunque mucha gente de las estrellas siente que sus planetas de origen las han abandonado, como si las hubiera dejado en la Tierra sin pedirles opinión, aún conservan una conexión con su hogar. Es común que tengan extraterrestres como guías espirituales, y también tienen cordones etéreos que los unen a naves espaciales. Con frecuencia, su alma viaja a casa o a las naves durante la hora del sueño o cuando están en estado de meditación.

Sensibilidad y trabajo con la energía

Todos los reinos de los ángeles terrenales reportan una extrema sensibilidad a la energía de las multitudes, de la gente y de los lugares. Sin embargo, el reino de la gente de las estrellas es el más apto para aprender a sanar con energía y dedicarse a ello como carrera. En realidad, es sorprendente cuántas personas de las estrellas se ganan la vida usando las manos, ya sea trabajando la energía o a través de ocupaciones táctiles como paisajismo, construcción, estilismo, manicura, masaje y montaje.

Parece que Reiki es la elección principal para el trabajo de sanación con energía entre la gente de las estrellas. Quizá se deba a que la energía Reiki tiene su origen en las Pléyades, como regalo a los seres de la Tierra. Es interesante que, a nivel de clarividencia, la energía Reiki consta como de delgadas bandas de barras color arco iris, y así es como se ven las auras de las personas de las estrellas (las cuales son visibles en las fotos del aura). Parecen astas que salen de manera vertical del cuerpo de la persona de las estrellas, como cabellos electrificados.

A la gente de las estrellas le atraen mucho los símbolos, los códigos, los jeroglíficos y la geometría sagrada, así que tiene sentido que adopten el Reiki, ya que su método de sanación incluye símbolos codificados que vibran con diferentes energías de sanación.

Hacia el final de mis cursos de certificación "Practicante de Terapia con Ángeles", los alumnos se reúnen en los grupos correspondientes a sus respectivos reinos de ángeles terrenales. Entonces, conviven con miembros de otros reinos, comparan notas sobre sus similitudes y generalmente crean lazos con almas que piensan igual. Tengo la costumbre de entrevistar a los miembros del reino para identificar los patrones que comparten. Durante un curso reciente, ¡cada una de las personas del reino de la gente de las estrellas también era maestro Reiki!

La persona de las estrellas Terry dice: "Soy súper sensible a la energía. Cuando practico Reiki siento el cambio de energía y ésta jala mis manos hacia donde debo colocarlas para liberar la energía negativa. La energía se siente gruesa, como si estuviera estirando resina".

La persona de las estrellas Nancy comenta: "Cuando hago trabajo de sanación, mis manos se calientan muchísimo. Percibo el calor en el área problema de la persona con quien estoy trabajando".

La gente de las estrellas y las relaciones

Las personas de las estrellas pueden nacer de padres que no son gente de las estrellas; es más, quizá sus padres no pertenezcan a ningún reino de los ángeles terrenales. Como resultado, la familia es incapaz de relacionarse con el niño de las estrellas, y el niño o la niña termina sintiendo que no pertenece a su familia biológica. La persona de las estrellas Kathy comenta: "Cuando era niña, constantemente me sentía sola y diferente, aunque tenía cinco hermanos".

Así es, muy pocos planetas tienen los sistemas de nacimiento y familia que se manejan en la vida en la Tierra. En otros lugares es común que los seres nazcan en laboratorios, por un proceso como el de "bebé de probeta". El lazo emocional que se crea en las familias de la Tierra también es desconocido en otros planetas. Ésta es una de las razones por las que la gente de las estrellas es considerada amistosa, pero distante. Prestan ayuda, pero hay cierto grado subyacente de frialdad que se vuelve evidente si alguno intenta crear un lazo más íntimo. Uno simplemente siente que no termina de conectarse con las personas de las estrellas. Y no es de sorprender, pues se enfocan más a sus tareas que a las relaciones. Tienen que cumplir con un trabajo y alimentar relaciones no es su prioridad principal.

La persona de las estrellas Scott dice: "Descubrir que soy una persona de las estrellas fue una confirmación que me ayudó a aceptar algunas de mis características más frías y la sensación de alejamiento que a veces me provocan los demás".

La persona de las estrellas Terry descubrió algo similar: "Soy diferente y muchas personas no lo entienden. Me siento como un forastero y muy solitario. Casi todo el tiempo prefiero estar solo que con un grupo de gente y sus problemas".

Estar con otras personas de las estrellas hace que se sientan aceptados, como Linda comenta: "Mi esposo es persona de las estrellas, como yo, y por eso nuestra conexión es total".

El esposo de Linda es doce años menor que ella, y parece que muchas personas de las estrellas femeninas tienen relaciones con hombres más jóvenes. Es típico que una persona de las estrellas femenina diga: "Sé que este hombre es de mi planeta de origen". A veces, la diferencia de edad interfiere con la construcción de una relación amorosa completamente comprometida. Parece que las personas de las estrellas del género masculino llegaron a la Tierra varios años después que las de sexo femenino.

Si las personas de las estrellas se casan, tienen pocos hijos; y algunas hasta evitan tenerlos. Linda dice: "Tengo 50 años y me hicieron una histerectomía, así que no tendré hijos. Siempre supe que no los tendría, y la verdad es que tampoco me importaba si los tenía o no. Si mi esposo quería, bien; y si no, también estaba bien. Pero de alguna manera sabía que no procrearía". La persona de las estrellas Terry dice que nunca le interesó lo que llama "la dinámica de la familia convencional".

Por lo general, tienen hijos vía cesárea. Quizá esto se deba a que en otros planetas se desconocen los partos vaginales porque los niños se engendran en los laboratorios. En realidad, los habitantes de varios planetas son andróginos, y no tienen una clara distinción de los sexos. Los bebés extraterrestres no son creados con los métodos de la Tierra, esto es, por medio de las relaciones sexuales: espermatozoides y óvulos, sino por medio de la transferencia de energías y con la intención de crear, método que se representa en la película *Cocoon*.

Es posible que la gente de las estrellas haya hecho un "contrato" de no casarse ni tener hijos durante su vida en la Tierra. Quizá no hayan tenido experiencias anteriores con familia y relaciones amorosas, y ni siquiera se les ocurre incluir el matrimonio y los hijos en su contrato para vivir en la Tierra. La familia interferiría en la misión de las personas de las estrellas y crearía un karma que las mantendría amarradas a los ciclos de reencarnación de la Tierra.

También es posible que sea la primera vida en la que tienen su sexo claramente definido.

Las personas de las estrellas femeninas pueden sentirse incómodas con su cuerpo de mujer, y los masculinos se consideran extraños impostores como hombres. No obstante, cuando la gente de las estrellas llega a la Tierra y mira parejas felices caminando tomadas del brazo, desea compartir esa experiencia. Algunas son capaces de manifestar deseos de matrimonio y familia, mientras que otras eluden esta clase de unión perpetuamente.

Enfrentarse a la vida en la Tierra

Como mencioné antes, las personas de las estrellas son sumamente sensibles a la violencia. Todos los reinos de ángeles terrenales reportan aversión hacia la violencia y el conflicto; sin embargo, de todos, la gente de las estrellas es la que más rechaza los enfrentamientos en cualquiera de sus versiones. Linda dice: "No tolero el menor indicio de violencia.

No resisto siquiera que la gente levante la voz, me es prácticamente insoportable. Por lo general se me salen las lágrimas si alguien me grita". Gran parte de las personas de las estrellas encuestadas comentó que no ven, no escuchan, ni leen noticias porque se alteran demasiado.

Ven el posible final de la violencia si hombres y mujeres amantes de la paz intervienen con oraciones o acciones guiadas. Mientras, la gente de las estrellas permanece fielmente en sus puestos en la Tierra, siendo chicos y chicas agradables en las situaciones diarias. Pero, muy en el fondo, extrañan la vida pacífica que alguna vez conocieron en un lugar lejano.

Las personas de las estrellas que han aprendido a enfrentarse a la vida en la Tierra dicen que les ayuda mucho ponerse en contacto con otra gente que pertenece al mismo reino. No es tan difícil distinguirlas si prestas atención a sus evidentes características físicas, o seguro las encuentras cerca del mar. Cada una de las personas de las estrellas encuestada dijo que vivir cerca del agua, sobre todo del mar, era indispensable. Un alto porcentaje de los buzos que conozco son gente de las estrellas que escapan del mundo rutinario sumergiéndose en el agua.

MaryKay explica esta conexión de la gente de las estrellas con el agua: "Me di cuenta de que necesitaba vivir cerca de un cuerpo de agua para equilibrarme. Voy al mar para sentir el poder de ese enorme cuerpo de agua y de las olas, y de esa manera recargo mis baterías". Y, desde luego, las personas de las estrellas tienden a asistir a convenciones de OVNIS y grupos de lectura de ciencia ficción.

Éstos son algunos comentarios de personas de las estrellas:

—**Linda**: Lo que puedo decirles a otras personas de las estrellas es que es normal que sientan que su lugar no está aquí en la Tierra porque es cierto. Sólo siéntanse cómodas con esta realidad. Ustedes son especiales porque vinieron a ayudar a este planeta con paz consumada. Están en este planeta por elección, para sanarlo".

—El consejo de Scott para la gente de las estrellas: Busquen relacionarse con personas que compartan sus puntos de vista en común, y no dejen de sonreír a toda la locura que les rodea. Enseñen la tolerancia, la paciencia, pero sobre todo, el amor, porque es lo único que existe en realidad. Y recuerden que es una tarea temporal solamente.

La misión de la gente de las estrellas

La gente de las estrellas hace varias cosas al mismo tiempo y no elige una carrera en particular como misión. En lugar de eso, incursionan en distintas carreras consecutiva o simultáneamente. Son excelentes maestros Reiki, sanadores de energía, terapeutas masajistas, quiroprácticos y terapeutas físicos. También disfrutan la investigación, la ingeniería, la tecnología y el trabajo como personal de apoyo. Sin embargo, deben creer en las metas de la compañía en la que trabajan o serán miserables en su trabajo. Son amables, trabajadores y eficientes, aunque con frecuencia se les considera distantes o fríos; también prefieren no llamar la atención. Por lo tanto, son mejores para hacer trabajos individuales que desempeñándose como voceros o recepcionistas.

Guía y sugerencias para la gente de las estrellas

— **Acepta que las pequeñas acciones de bondad sí cuentan**. Como persona de las estrellas, es posible que te preocupe el futuro de la Tierra o si estás haciendo lo "suficiente". Te sentirás mejor si recuerdas que las miles de aparentes acciones pequeñas de bondad que haces se suman a las enormes contribuciones para crear un planeta pacífico.

— **Busca a otras personas de las estrellas.** Es esencial que te relaciones con gente que piensa como tú. Si tienes la intención de conocer a otras personas de las estrellas, pronto las atraerás a tu vida con facilidad. También puedes conocerlas en los *chats* o paneles en Internet, o en foros con temas de extraterrestres.

— **Aprecia tu singularidad.** Tus inclinaciones naturales van en contra de lo establecido en la Tierra. Tu estándar de belleza se basa más en lo que hay dentro que en lo que hay fuera, lo opuesto a muchos humanos. Tus prioridades se orientan más hacia el cumplimiento de las tareas que a la creación de relaciones. Así que, persona de las estrellas, por favor honra tu singularidad, mantente firme en tus creencias y no afectes tus capacidades tratando de conformarte.

Capítulo 5

Los sabios: hechiceras, altas sacerdotisas, hechiceros, magos, chamanes y brujas encarnadas

Intensos. Exóticos. Excéntricos. Los sabios brillan desde su interior. Parecen personajes de novela romántica, generalmente de cabello largo y sedoso, rostro ovalado y ojos cautivadores que ocultan una vida de sombras. Los ángeles terrenales de este reino poseen una profunda sabiduría y son sumamente intuitivos. Su mirada es penetrante y no tiene caso que finjamos o les mintamos a estos sabios, porque la verdad es evidente para ellos. Excéntricos y extravagantes, los sabios adoran vestirse con ropa larga y suelta que les recuerda épocas románticas del pasado. Existe cierto elemento de misterio que acompaña a cada miembro de este reino. La primera vez que nos encontramos con la mirada de los sabios, nos resulta obvio que saben.

Cuando miras los ojos de un sabio, ves sabiduría y conocimiento profundos, y con frecuencia el dolor de presenciar la historia de la Tierra y la humanidad. También tienen ojeras bien ganadas y sombras bajo los ojos.

Los sabios son humanos que aprendieron en vidas pasadas cómo canalizar su poder en sanaciones y manifestaciones milagrosas, entre ellas la capacidad de alterar el clima y los objetos materiales (por medio de la levitación, la telequinesis y demás). Ellos son los sumamente poderosos y bien capacitados magos de la humanidad cuya "jubilación" en el mundo espiritual fue interrumpida para que regresaran a la Tierra a causa de la urgente situación actual de nuestro planeta.

Su energía es más oscura y más densa que la de otros reinos de ángeles terrenales. Los sabios tienen una energía lúgubre, seria, casi deprimida y a veces son algo duros. En las relaciones, se aferran con fuerza a sus opiniones, pero de manera positiva. Son los "directores de escena" y los guías de sus amigos y familiares, porque siempre saben cuál es el mejor camino que deben tomar los demás. Si alguien necesita un consejo sólido, pídanselo a un sabio.

Mientras que esto de ser humanos es nuevo para los otros reinos (o tienen vidas pasadas en las que fueron ángeles encarnados, fuerzas de la naturaleza y demás), los sabios han sido humanos durante siglos. Igual que el resto de los ángeles encarnados, se sienten "diferentes". De hecho, algunos sabios proclaman: "¡Soy diferente y me siento orgulloso de eso!" Como dijo un hechicero encarnado: "Cuando era niño, me di cuenta de que era diferente y no encajaba, y eso me causaba conflictos, hasta que finalmente descubrí que mi singularidad era algo bueno. No era parte de las masas ni de la norma, y cuando maduré, entendí que eso era positivo".

Por tal motivo, los sabios se sienten más cómodos con la vida en la Tierra que los de otros reinos. Son realistas, compasivos y pacientes con las personas, y han aprendido a disfrutar del tiempo que pasan aquí. A los sabios no les da miedo mirar el lado oscuro de la vida, como a los otros reinos de ángeles terrenales. La hechicera encarnada Linda habla por muchos sabios cuando dice: "Sé que soy diferente a los demás, pero no me siento como una extraña porque en realidad no me importa si le agrado o no a la gente". Esta indiferencia hacia las opiniones de los demás es el sello distintivo de los sabios.

La historia de los sabios

El común denominador de los sabios es el número de años que han acumulado aprendiendo a utilizar sus poderes mágicos. Algunos desarrollaron su propio interés en la metafísica, y otros fueron cuidadosamente elegidos cuando eran niños y se instruyeron en las artes psíquicas. Los sabios vivieron como altos sacerdotes y altas sacerdotisas en la Atlántida, la antigua Grecia y Egipto; en la época de Arturo; entre los mayas; como esenios, y como hombres y mujeres de medicina nativos. Fueron testigos de la destrucción de civilizaciones y del asesinato de personas a causa de sus creencias espirituales. Los sabios conocen y aprecian la oscuridad nata que encierra el ego humano, pero aprecian y respetan todavía más las cumbres que son capaces de alcanzar los humanos. Y eso es lo que regresaron a enseñar.

Por otro lado, muchos sabios disfrutaban cómodamente del plano de la vida después de la muerte. Crearon comunidades paradisiacas en el mundo espiritual, que complementaron con castillos, jardines y cascadas de agua. Todo parecía maravilloso. Pero entonces los visitó un comité de guías que pretendía regresar a servicio a los "soldados espirituales" ya jubilados. Pidió a los sabios que volvieran a la Tierra a enseñar e inspirar la paz, y a recordarle a la gente cómo usar su poder y su fuerza interior para crear armonía.

Algunos sabios aceptaron de mala gana regresar a la Tierra. Cuando llegaron aquí, sintieron la pesada densidad de la energía cambiante. Unos cuantos sabios, incapaces de manejar este ambiente, salieron de inmediato deseando la muerte. Otros sabios se quedaron con vida en la Tierra, pero se sintieron deprimidos o enojados.

Los sabios que se ajustaron mejor fueron aquellos que continuaron con el estudio de la espiritualidad en la que se basa la Tierra, como la astrología, la Wicca, la magia cabalística, el hermetismo, el paganismo, los rituales, la sanación con cristales, la herbolaria, las invocaciones con velas, el chamanismo y demás.

Grethel dice que una de las razones por las que cree que es una hechicera encarnada es "por el interés que he mostrado desde pequeña por los encantos, las hierbas, las varas mágicas y los artefactos para rituales (velas, incienso, agua y demás). Incluso, cuando era niña, tenía una 'amiga imaginaria' que era maga. Por si eso no fuera suficiente, mi tía abuela me llamaba 'hechicera' cuando era pequeña".

Los miembros del reino de los sabios han dedicado vidas a desarrollar sus dones espirituales y mágicos. Tienen mucha práctica en las artes espirituales de la manifestación, la alquimia y la sanación. Nacen como niños psíquicos que podrían considerar sus dones como maldiciones, sobre todo si presienten una situación "negativa" antes de que suceda. Los niños pueden culparse por no advertir una tragedia, pues la presienten. No obstante, esta perspicacia psíquica con frecuencia es una oportunidad para que los individuos oren por ella. Si tuvieran que intervenir, se les diría con claridad qué hacer para evitar la situación.

La mayoría de los sabios que entrevisté tuvo recuerdos vívidos de vidas pasadas en las que fueron brujas, magos, sacerdotes y demás. Casi todos los encuestados mostraron fuertes reacciones emocionales a la era de la "cacería de brujas" que tuvo lugar de los siglos XIV al XVIII. Varios tienen recuerdos completos o fragmentados de haber sido quemados, colgados o asesinados con otro medio a causa de sus diferencias espirituales. Por ejemplo,

Sara comenta: "Tengo recuerdos de haber sido quemada en la hoguera mientras la gente gritaba y me lanzaba maldiciones. Recuerdo que me torturaron salvajemente".

La "cacería de brujas" consistía en una superstición colectiva de que cualquier cosa mala, como niños enfermos o cosechas perdidas, era producto de los hechizos de una bruja. Se decidió que la única manera de depurar ese "mal" era quemando la sangre de la bruja. Muchas brujas fueron capturadas por sus vecinos, los gobiernos locales y las iglesias. En una situación más humana, las mataban antes de amarrarlas al poste y prenderles fuego. Sin embargo, en Francia, Alemania y Suiza, casi todas las brujas fueron quemadas vivas.

Incluso aquellas que no murieron tienen recuerdos conscientes de esa época. Recuerdan que temían a la Inquisición, a los Caballeros Templarios, a los juicios cátaros (los cátaros eran un grupo de paganos del siglo XIII en Europa, perseguido por el papa Inocencio III que fue capturado y asesinado), y al resto de las diferentes formas en que se manifestó la cacería de brujas. La amenaza de muerte pendía sobre cada uno de ellos durante esa época, y los recuerdos hacen que los sabios se pongan nerviosos cuando se trata de volver a exponer por completo sus dones espirituales.

Como resultado y a causa de estos antiguos recuerdos, muchos sabios se niegan a dar rienda suelta a su magnífico poder. Sin embargo, el motivo por el que eligieron estar aquí en esta época es para enseñar y utilizar esas herramientas espirituales. La misión de los sabios es desempolvar sus capacidades psíquicas y de sanación espiritual. Y como sólo nos sentimos felices y satisfechos cuando nos dedicamos a cumplir nuestra misión, entonces los sabios necesitan abrirse y volver a desarrollar sus dones.

Los sabios tienen una afinidad especial con el reino de las fuerzas de la naturaleza, y viceversa. Las hadas y los elfos no sólo participaban en las prácticas espirituales de la

Tierra, sino que se forjaron profundas amistades entre las fuerzas de la naturaleza y los sabios. En tiempos antiguos, la gente reconocía los beneficios de trabajar con el reino de las fuerzas de la naturaleza, pero las iglesias se sintieron amenazadas por este poder que residía más allá de sus paredes. Así que se inició una campaña negativa de relaciones públicas contra las hadas, los elfos y otras fuerzas de la naturaleza. Hasta el día de hoy, muchas personas les temen a las bellas fuerzas de la naturaleza.

Como éstas estaban muy unidas a los sabios, tanto en la antigüedad como en el presente, algunas fuerzas de la naturaleza encarnadas creen que pertenecen al reino de los sabios. Eso se debe a las experiencias y los recuerdos compartidos entre ambos reinos. De esta manera, una fuerza de la naturaleza femenina puede recordar la quema de brujas, pero no porque la hayan quemado a ella, sino porque fue testigo de ese hecho perpetrado contra sus amigos sabios. Entonces, se confunde y cree que son sus recuerdos de haber sido quemada.

No obstante, la diferencia entre los dos reinos es clara: los sabios son más solemnes, oscuros y serios que las traviesas y alegres fuerzas de la naturaleza. Los sabios tienen rostro ovalado y largo, y también prefieren traer el cabello largo (aunque actualmente deban traerlo corto por cuestiones de trabajo); mientras que las fuerzas de la naturaleza tienen cara redonda y generalmente usan el cabello corto (excepto en el caso de las hadas y las sirenas encarnadas). Los sabios de sexo masculino suelen recogerse el cabello en una cola de caballo o lo peinan hacia atrás con gel. Los actores Johnny Depp, Della Reese, Angelica Huston y Jimmy Smits son ejemplos de la imagen y la intensidad del reino de los sabios.

Los sabios pueden vestirse de manera excéntrica o romántica, lo que refleja su vida pasada favorita. Los sabios de sexo femenino prefieren "túnicas de diosas" largas y holgadas en colores oscuros, adornadas con collares de cristales gruesos. Los sabios de sexo masculino se inclinan por camisas tejidas con fibras naturales o camisas estilo Renacimiento. Los hombres pueden usar collares con colgantes de significado espiritual, como cruces celtas o insignias Ohm. Los sabios adoran asistir a ferias renacentistas completamente vestidos acorde a la época, donde reviven las altas y las bajas de sus vidas pasadas.

Los guías espirituales de los sabios son dragones, magos y diosas. Les interesa mucho el estudio de épocas pasadas que podrían considerarse místicas, como Avalón, la Atlántida y Lemuria. Coleccionan figurillas de magos, les encantan los libros y las películas que tienen relación con temas mágicos, como la serie *El señor de los anillos*, los libros de *Harry Potter*, y cualquier cosa que tenga que ver con la época del rey Arturo. Muchos sabios también son aficionados a la historia.

Marlie, como alta sacerdotisa encarnada, escribió: "Me encantan las mitologías griega y egipcia. Me identifico fácilmente con Isis, de la tradición egipcia, y adoro a Atenea Palas, la diosa griega de la sabiduría y la guerra. Amo profundamente sus historias y el apoyo que le brindó a Ulises. Con gran pasión, estudié a Grecia y me identifico con todas las diosas del Olimpo".

Los sabios también son sumamente sensibles a las fases de la Luna, viéndose física y emocionalmente afectados por los ciclos de la Luna llena y la Luna nueva. Con frecuencia participan en "ceremonias de Luna llena" y celebran los equinoccios.

Patrones entre los sabios

Es curioso, pero cada sabio encuestado conocía su signo solar, lunar, de nacimiento y astrológico ascendente. Lo que contrasta con los miembros entrevistados de otros reinos que pocas veces sabían cuál era su signo solar y casi nunca cuál su signo lunar. Claramente, los sabios son diestros en el tema de la astrología y conocen sus aplicaciones.

Un alto porcentaje de sabios encuestados tenía o tuvo una historia de enfermedades del corazón y cardiovasculares. Prolapso de la válvula mitral, presión arterial alta, taquicardia, arritmia, soplos en el corazón e infartos proliferaron en este reino. ¿Es posible que a este reino le duela el corazón porque aman tanto a la Tierra y a su gente y observan su potencial destrucción? ¿O son restos de dolor de la cacería de brujas en la que se quemó la sangre de los sabios y atravesaron su corazón con estacas?

En su libro *Sana tu cuerpo*, Louise Hay dice que el significado metafísico que reside detrás de los problemas cardiacos son "problemas emocionales muy antiguos". Los sabios han cargado dolor emocional de sus muchas vidas en la Tierra desde hace siglos, hablando de mucho tiempo atrás. Otras razones para los problemas del corazón, según Louise, son "falta de alegría, endurecimiento del corazón y creer en la tensión y el estrés".

Los sabios que conozco son individuos intensos y maestros muy trabajadores. Enseñan sin cesar, con frecuencia ofreciéndole a la gente consejos breves, pero profundamente filosóficos. Sin embargo, la mirada de muchos sabios revela años de decepción causada por sus alumnos. Hace poco, un sabio me dijo: "Si la gente escuchara mi consejo, todos sus problemas desaparecerían. No estoy siendo arrogante, simplemente sé qué les ayudaría. Pero la mayoría ignora mis palabras y sigue regodeándose en sus problemas". Como la misión de los sabios es enseñar e indicar el camino, tal vez la frustración que les produce su misión es lo que más les rompe el corazón.

Igual que las fuerzas de la naturaleza, los sabios no son grandes fanáticos de las reglas, ni de los reglamentos. Sin embargo, a las fuerzas de la naturaleza invariablemente las atrapan cuando infringen las reglas, mientras que los sabios portan una capa de invisibilidad y pocas veces los descubren rompiendo las reglas. Y cuando sucede, los sabios culpan a las fuerzas de la naturaleza por la infracción.

Los sabios y las relaciones

Casi todos los sabios añoran un alma gemela mágica y mística para casarse. Sienten la presencia escurridiza de un alma afín a quien conocen desde hace muchas vidas. Esto los conduce a buscar al amado, y hasta que lo encuentra, el sabio elige estar sentimentalmente solo. O peor, intenta establecerse en una relación poco satisfactoria.

En vidas anteriores, los sabios hicieron votos de castidad o de celibato. Estos votos no rotos pueden seguirlos hasta su vida presente y causar estragos. La sabia Audrey es el ejemplo perfecto. Sabía que había sido bruja y también monja en vidas pasadas. Como bruja, participó en rituales paganos, celebraciones de la tierra, la naturaleza y el cuerpo humano, lo que con frecuencia incluía ceremonias con desnudos y sexo. Los poderes reinantes en esa época consideraban estas acciones como herejes, y la quemaron en la hoguera. En su siguiente vida, Audrey fue monja y tomó el voto del celibato. Pero conservó sus intereses y capacidades místicas. En su vida actual, continuó practicando hechizos y sabía muy bien cómo manifestar; sin embargo, su vida sexual estaba atrofiada por una relación sin sexo con un marido impotente que era demasiado orgulloso para tomar medicamentos o pedir ayuda sexual. "Rompimos" sus votos de celibato y pudo reavivar su sexualidad.

Entonces, a los sabios les va mejor en sus vidas sentimentales cuando usan sus impresionantes poderes mágicos para manifestar el amor que desean. Aun cuando su amado no esté encarnado en la actualidad y se encuentre en el mundo espiritual entre una vida y otra, los sabios saben manifestar estupendamente relaciones sentimentales satisfactorias con el poder de sus intenciones centradas.

Los sabios se sienten mejor cuando tienen amigos a los que respetan y admiran. De lo contrario, los muchos amigos de los sabios en realidad serían sus "pacientes". Estas "amistades" son unilaterales, en las que los sabios actúan como maestros y los amigos como alumnos. Los sabios nunca tienen oportunidad de hablar de sus problemas porque siempre son los fuertes y los dominantes.

Con frecuencia se les acusa de ser sabelotodos. Aunque esta acusación tiene algo de cierto porque los sabios están dentro del inconsciente colectivo que lo sabe todo, y además son sumamente psíquicos. Linda, una hechicera encarnada, dice: "Casi siempre sé qué va a decir la gente. Se enojan conmigo porque termino sus oraciones".

Los hijos de los sabios los consideran padres controladores, una vez más, por la compulsión que este reino tiene hacia la enseñanza. Sin embargo, los sabios no enseñan, suavizan sus enseñanzas para que sean más aceptables. Por ejemplo, en lugar de dar sermones, crean una experiencia entretenida e instructiva.

En cuanto a su vida sentimental, es importante que los sabios recurran a las visualizaciones conscientes de la felicidad, las relaciones sanas con amigos y familiares. Pueden usar ese impresionante poder para verse rodeados por amigos sólidos y cariñosos que los ayudan.

Entonces, si crees que eres un sabio, mira y siente cómo tus hijos aprecian lo que les enseñas. No te preocupes por cómo se presentará esa manifestación, sólo ten la seguridad de que así será y después entrega esas visiones al Universo para que se manifiesten fácil y rápido.

Sabios mágicos

Si eres sabio, eres un mago altamente capacitado, y si hay una parte de tu vida que en este momento no va bien, haz algo proactivo para sanar esa área. Si esperas pasivamente a que el Universo te indique el camino, te descubrirás dando vueltas en círculos sin llegar a ninguna parte. Eso es porque los sabios, como tú, son cocreadores y el Universo prefiere esperar que expreses tus deseos y cumplirlos cuando sean pedidos. No obstante, los sabios saben por experiencia que no todo lo que se pide lleva a la felicidad. Por ese motivo, lo más prudente es orar o pedir guía para saber qué pedir.

La fe en estas capacidades es crucial, aunque sólo sea un cinco o diez por ciento de fe. Si pides algo, pero tienes miedo de que no suceda, bloqueas la manifestación. Si lo necesitas, puedes "pedir prestada" fe a uno de tus guías. O solicita al Universo que se lleve los miedos que acaban con toda tu fe.

Es posible que, igual que muchos otros sabios, hayas hecho votos en tus vidas pasadas como aspirante espiritual o devoto (como monja o monje). Entre los votos más comunes están los de sufrimiento, autosacrificio o retribución, pobreza, castidad, virginidad, celibato, obediencia y silencio. Si no se rompen dichos votos, pueden seguirte a la Tierra y convertirse en barreras en el área sentimental y sexual, en tus finanzas y en la vida en general. Nadie es verdaderamente libre hasta que se rompen los votos de vidas pasadas. Los únicos votos positivos son los que tú eliges, los que haces contigo mismo. E incluso ésos tienes que revisarlos con frecuencia para comprobar si siguen siendo válidos.

Rompe los votos y sus efectos afirmando con fuerza:

Hoy corto los votos de
sufrimiento, autosacrificio o
retribución que haya hecho en
todas las direcciones del tiempo.
Rescindo los efectos
negativos de dichos votos,
ahora y para siempre.

Después, repite esta frase para los demás votos (pobreza, celibato y demás). Como generalmente en estos votos se firmaba un documento con sangre, necesitas romperlos con una fuerza mucho mayor. Encender una vela tiene un poder especial (ya que nos ayuda a liberar la negatividad y a disolver situaciones estancadas), así como llevar a cabo la ceremonia durante la Luna llena, que es el momento de liberación. Entonces, párate y estampa el pie en el suelo con fuerza mientras haces cada afirmación en voz alta. ¡Habla con convicción cuando rompas los votos!

⚜ ⚜ ⚜

Los sabios siempre recuerdan el poder de la palabra. Sé claro con lo que deseas y después da la instrucción, con palabras, de que suceda. Eres un maestro de los encantos, tanto en nombre de tus miedos como de los deseos de tu corazón. Así que de esta forma creas profecías que tienden a cumplirse por su propia naturaleza en la dirección que indique tu ego o tu yo superior. Ordena a tu ego que guarde silencio y pide a tu yo superior que aumente el volumen de su voz.

Cuando tus manifestaciones aparezcan de forma tangible, recíbelas con los brazos abiertos. Los sabios a veces alejan las manifestaciones por temor a no merecerlas. Pero recuerda que las manifestaciones son herramientas que te ayudan en tus enseñanzas y sanaciones. Tus alumnos y pacientes merecen la ayuda de un sabio que satisface sus necesidades materiales. Deja atrás la escasez o los votos de sufrimiento, sabio.

La misión de los sabios

Como sabio, eres un líder nato que es respetado por tu carisma, tu aire de seguridad, la manera en la que te conduces y tu fuerza personal. La gente te respeta y te admira de forma natural, incluso hasta la intimidas. Por eso se sienten bien siguiendo tu liderazgo.

Debido a tus muchas vidas de aprendizaje y enseñanzas espirituales, es posible que disfrutes una carrera como maestro espiritual, astrólogo, psíquico, sanador espiritual, canalizador o intérprete del oráculo. La mayoría de los sabios no funcionan bien como empleados o seguidores, a menos que respeten a su jefe o a su líder. Serías excelente presidente de una compañía o empresario, sobre todo por tu capacidad de organización combinada con el conocimiento intuitivo de cómo mejorar las situaciones.

No obstante, tú, como casi todos los sabios, te sentirías frustrado trabajando con gente no motivada o pacientes que no hacen caso a tus consejos.

Híbridos de sabios

Como leerás en el siguiente capítulo, existen variaciones de sabios combinadas con otros reinos; entre ellos están los caballeros paladines, los ángeles místicos, los sabios de las estrellas y las sirenas místicas.

Guía y sugerencias para los sabios

— **Honra el poder de la palabra.** Ten cuidado con tus pensamientos y tus palabras para que estés seguro de que reflejan lo que quieres, no lo que temes. Manifiestas tan rápido que no puedes darte el lujo de pensar o hablar de tus miedos. Concentra todas tus energías para manifestar tus deseos y la misión de tu vida.

— **Honra tu pasado.** Lleva a cabo regresiones a vidas pasadas para eliminar los sobrantes de emociones que pudieran estar reprimiéndote hoy. Lee libros y mira películas relacionados con tus vidas pasadas.

— **Sé consciente de la fuerza de tu carácter.** Cuando un sabio lanza su ira contra otra persona, es como si enviara un hechizo oscuro. Usa tu fuerza con cuidado, y piénsalo dos veces antes de maldecir a cualquiera, pues podrías lastimar a alguien más y se te puede regresar.

— **Enseña lo que es importante para ti.** Siempre predicas con el ejemplo. Un motivo para alcanzar tu nivel más elevado es inspirar a los demás. Tú elegiste venir a la Tierra a predicar sobre el potencial humano, así que es importante que lo apliques en tu vida.

— **Ríe y juega.** Aunque tienes una misión vital, es importante que inyectes dosis regulares de alegría a tu vida. Tu misión requiere sinceridad, no seriedad. La risa también te ayuda a sanar las heridas del corazón sufridas en ésta o en vidas pasadas.

Capítulo 6

Reinos mixtos e híbridos: ángeles místicos, caballeros, gnomos y gente del mar

A lo largo de mis programas de certificación, explico los diferentes reinos a detalle. Después, les pido a los asistentes que se reúnan con miembros de su reino. A aquellos que no están seguros del reino al que pertenecen, se les alienta para integrarse a cada grupo para que descubran en cuál se sienten más cómodos. La gente siente al instante si pertenece al grupo.

Algunos participantes sienten que son parte de dos grupos del reino. Por ejemplo, varios dijeron que no podían decidir si estaban mejor en la categoría de los ángeles encarnados o de los sabios. Yo creía que eran almas que estaban evolucionando de un reino a otro, así que los mandaba al grupo de los evolucionistas, los metamorfos o los aficionados.

Curiosamente, cuando mi hijo Chase fue jefe de admisiones de los programas de certificación en Estados Unidos, siempre tuvimos un alto porcentaje de fuerzas de la naturaleza entre la gente que tomó los cursos. Jamás cuestioné la cantidad de fuerzas de la naturaleza hasta que la orientadora espiritual Betsy Brown se unió al equipo y tomó el lugar de Chase. De repente, la energía de nuestros programas de "Practicante de Terapia con Ángeles" cambió por completo.

El primer curso que dio Betsy tenía cuando menos cincuenta personas que se sintieron durante el ejercicio de los reinos. Todos tuvieron la misma queja: se identificaban con los ángeles encarnados y los sabios. Casi no tuvimos fuerzas de la naturaleza en la clase, cuando siempre habíamos tenido grupos escandalosos de hadas y duendecillos.

¡Así de fácil se descubrió un nuevo reino! Los alumnos nuevos eran híbridos, a los que llamamos "ángeles místicos", como Betsy Brown. Me di cuenta de que el anterior porcentaje alto de fuerzas de la naturaleza era reflejo del reino de los elementales de Chase. ¡Los similares se atraen!

Ángeles místicos

> ***Cuando ves a los ojos de un ángel místico ves compasión***

Como ya se mencionó, los ángeles místicos son mitad sabios y mitad ángeles encarnados. Los ángeles místicos comparten muchas de las características de los ángeles encarnados, son cariñosos, serviciales y bondadosos. Sin embargo, como han tenido muchas vidas en la Tierra (como ángeles encarnados), son nerviosos y tensos. Podrían maldecir, abusar del alcohol o dedicarse a las apuestas pero siguen siendo ángeles.

Los ángeles místicos aprecian las reglas porque aborrecen el caos. Igual que los ángeles encarnados, siempre se disculpan; aunque dicen "lo siento" sólo porque es una manera rápida de evitar el conflicto, y no porque se sientan culpables. Los ángeles encarnados son los campeones de todos los reinos en ocultar sentimientos de culpa.

Los ángeles místicos se han ganado su sabiduría con mucho esfuerzo, resultado de las muchas vidas que han pasado, ayudando en las trincheras de la guerra y el conflicto. A pesar de que lo han visto todo, los ángeles místicos aún conservan la fe en la bondad de la humanidad.

Los ángeles místicos no son tímidos frente a grupos grandes de personas como los ángeles encarnados. Gracias a su linaje de sabios, son estupendos maestros, oradores y presentadores de talleres. Les encantan enseñar técnicas de sanación y dar consejos para una vida feliz.

A los ángeles místicos no les da miedo aceptar el lado oscuro de la vida. Ven con claridad que el ego está detrás de todos los problemas humanos. La concentración y el lenguaje de un ángel místico son un poco más oscuros y terrenales que los de un ángel encarnado (un reino al que no le agrada mirar o reconocer los problemas y la oscuridad).

Un ángel místico describió así las características de su reino: "Nos gusta usar las cartas del oráculo de ángeles y el tarot. Somos sanadores que nos las sabemos todas. Como en vidas anteriores nos han matado, con frecuencia nos da miedo salir del clóset espiritual. Pero cuando lo hacemos, volamos alto y rápido para llevar a cabo nuestra misión".

Caballeros paladines

Mi hijo Grant descubrió este reino. Como recuerdas, él fue la persona que originalmente me presentó al reino de los sabios. Después de definir este reino, Grant descubrió que él pertenecía a una subcategoría de los sabios que en un principio llamamos "caballeros". Sin embargo, la palabra no era la exacta porque se refería a guerreros puros, por eso dos miembros de este reino sugirieron el término *paladín.* Paladín se refiere a un caballero mágico o sagrado que hace cruzadas en nombre de la bondad y el orden constantes. Los paladines de la historia eran magos que lanzaban hechizos para completar sus misiones.

Los caballeros paladines comparten muchas cualidades con los ángeles místicos, pues son mitad sabios y mitad ángeles. Los ángeles místicos expresan su lado angelical sanando a los demás, ya sea con su sabiduría o con su energía. Los caballeros paladines representan el lado guardián protector de los ángeles. Los ángeles místicos expresan la energía sanadora del arcángel Rafael, mientras que los caballeros paladines lo hacen con la energía de la espada del arcángel Miguel.

Son los custodios de la metodicidad y los defensores de la verdad, los secretos sagrados y la urbanidad. Son confiables, capaces de guardar secretos (a menos que desvelar un secreto los ayude a procurar justicia), y sumamente útiles para sus seres queridos y desconocidos. Los caballeros paladines se sienten incómodos en ambientes sociales, a menos que se discutan temas de interés personal. Son corteses y educados, pero también pueden ser acérrimos e inflexibles cuando sus valores se ven amenazados. Los caballeros paladines se niegan a transigir cuando se trata de cuestiones éticas. Recuerda que los ángeles encarnados (con quienes están mezclados los caballeros paladines) respetan la autoridad, la organización y las reglas, sobre todo si creen en ellas.

Los miembros de este reino fungieron como caballeros templarios; miembros de la Mesa Redonda; miembros de los doce cantares de gesta de la leyenda medieval; y guardaespaldas de altos sacerdotes, altas sacerdotisas, santos y sabios. Los caballeros paladines tienden a tener cuerpos largos y fuerza muscular; se enorgullecen de tener orgullo sin ego; su mirada es intensa, clara y concentrada, como la de un guardaespaldas en alerta máxima. Están al pendiente de todo.

Los caballeros paladines siempre han sentido fascinación por las armaduras, las historias de la Mesa Redonda, los dragones y las justas. Les encantan los videojuegos, los libros y las películas de estrategias de guerra, peleas con espadas y redención. Entre los caballeros paladines famosos se encuentran

Juana de Arco, el rey Aturo, el rey David y Sir Lancelot.

La mirada de un caballero paladín es intensa, clara y concentrada, como la de un guardaespaldas en alerta máxima.

Muchos caballeros paladines se sienten atraídos por las fuerzas armadas, la seguridad, la policía, que son el equivalente moderno a las órdenes de caballeros. También se unen o leen sobre sociedades espirituales secretas, como los francmasones, los caballeros templarios y los rosacrucianos. No obstante, los caballeros paladines modernos con frecuencia emprenden misiones solitarias para cumplir con su destino. En vez de obedecer las órdenes del Rey, los caballeros paladines actuales deben obedecer las órdenes de su guía interior. Por eso, inscribirse en las fuerzas militares o policíacas obstaculizaría la libertad de seguir a su sabiduría interna, o incluso apagar su voz.

Los caballeros paladines encuentran a sus contrapartes orientales en los samurais y los monjes guerreros de Shaolin, quienes incorporan trabajo de respiración, postura, autodisciplina y sabiduría en sus filosofías para enfrentar la vida.

Los caballeros paladines son estupendos abogados y activistas que defienden las causas en las que creen. Son buenos en el área legal, en la política, en la escritura, en la oratoria, en la planeación de campañas, y como guías y líderes. Los caballeros paladines que son índigo (la generación de líderes y visionarios altamente sensibles por naturaleza) resultan líderes intensos e inspiradores.

Los dragones encarnados son una subcategoría de este reino.

Estrellas místicas

Éste híbrido es una mezcla de gente de las estrellas y sabios. Las estrellas místicas son maestros naturales que traen el conocimiento universal a la Tierra. Sus enseñanzas tienen el objetivo global de inspirar la paz en el mundo, brindando a los humanos información útil para reducir su nivel de estrés.

> **Las estrellas místicas tienen ojos muy exóticos, de mirada diferente, que reflejan su seria, sombría e intensa pasión por enseñar.**

Las estrellas místicas son sumamente sensibles y sienten la energía de las emociones de los demás. Con frecuencia se sienten incómodas en compañía de otras personas, y a veces actúan raro socialmente. Combaten el estrés enseñando hechos y filosofías.

Las estrellas místicas, sin darse cuenta, intentan enseñar a los miembros de la familia cuyas miradas están deslumbradas por la sobrecarga de información técnica. Así, las estrellas místicas hacen su mejor esfuerzo cuando ponen atención a las sugerencias de sus alumnos y asistentes a sus talleres, y están atentas a los niveles donde flaquea la atención. Son tan inteligentes que, sin querer, aclaran las dudas de las personas. Sin rebajar sus lecciones, las estrellas místicas adecuan sus enseñanzas para que se digieran con más facilidad.

Duendes

Cuando pensamos en duendes, nos vienen a la mente hombrecitos de traje verde; sin embargo, el reino de los ángeles de los duendes abarca una gran variedad de formas y tamaños de cuerpos, así como de estilos de vestir. Existen duendes masculinos y femeninos, y muchos miembros de este reino parecen duendes gigantes. Y es lo que tienen adentro, no lo que llevan afuera, lo que los distingue del resto de los reinos.

Los duendes son mitad sabios y mitad fuerzas de la naturaleza encarnadas. Cuentan con la sabiduría producto de muchas vidas en la tierra, de un sentido común práctico con respecto a la vida, una profunda conexión con la naturaleza y un travieso sentido del humor.

Para entender el reino de los duendes, revisemos su historia. Uno de los primeros pueblos de Irlanda se llamó Tuatha de Danaans, que significa "los hijos de Dana" o "el pueblo de Dana". Dana era la Diosa Creadora celta. Los tuathas poseían capacidades mágicas para cambiar de forma y viajar en el tiempo, y en algunos círculos eran considerados semi-

> **Cuando miras un minuto los ojos de un duende, ves la seria intensidad de un maestro sabio. Pero al siguiente minuto encontrarás la mirada traviesa de un niño de siete años que está a punto de hacer una travesura.**

dioses. Lucharon batallas para conservar la posesión de Irlanda, pero con el tiempo los derrotaron los invasores gaélicos. Pero en lugar de abandonar su isla, los tuathas cambiaron de forma en otra dimensión y se volvieron duendes. Hoy, aún gobiernan Irlanda, pero sólo son visibles a aquellos que tienen la mente y el corazón abiertos.

Así, los trabajadores de la luz del reino de los duendes son mitad sabios y mitad fuerzas de la naturaleza. Poseen conocimientos antiguos de magia, sanación y manifestación como los sabios de otras culturas. Como duendes, expresan las características de las fuerzas de la naturaleza de vivir en dimensiones intermedias, y una fuerte conexión con la naturaleza.

Aquellos que pertenecen al reino de los duendes tienen cualidades de los sabios y de las fuerzas de la naturaleza. Vacilan entre maestros serios y bromistas escandalosos. Un minuto te dan un sermón, y al siguiente te vacilan. Aunque nos imaginamos a los duendes como hombrecitos de barba roja, panza grande y traje verde, los miembros del reino de los duendes pueden lucir tan espectaculares como los modelos. Muchos integrantes de este reino sí tienen imagen de duendes, ya sea una tendencia marcada por usar camisetas verdes, cabello rojizo, tez rubicunda, o incluso una panza un poco prominente.

Los duendes son maravillosos y entretenidos maestros que mantienen interesados y embelesados a sus alumnos. Son magníficos para contar historias, y sus narraciones siempre contienen mensajes importantes. Siempre y cuando puedas sortear su vacilante humor y sus coqueteos ocasionales, los duendes son muy buenos amigos y parejas románticas. ¡Nunca vas a aburrirte con un miembro de este reino, te lo aseguro!

Gente del mar

> ***Casi toda la gente del mar tiene un tono verde en sus ojos.***

Igual que los duendes, la gente del mar son híbridos del reino de las fuerzas de la naturaleza, así que también tiene un lado travieso y juguetón. En mi libro "Diosas y ángeles", publiqué los resultados de mi encuesta sobre gente del mar.

> Elegí sólo las encuestas de aquellos que supe sin duda que eran gente del mar. Basé gran parte de esa opinión en el hecho de que encajaban en mis descripciones; tenían que vivir cerca del agua; se identificaran con sirenas, masculinas y femeninas, desde la infancia; soñaran con frecuencia con sirenas, etcétera.
>
> De todas las mediciones de la encuesta, los factores importantes fueron:
>
> - 82% era pelirrojo natural o tenía luces en el cabello.
> - 82% prefería usar el cabello largo (89% de las mujeres encuestadas).
> - 79% tenía cabello rizado u ondulado natural.

- 69% tenía un tono verde en los ojos.
- 85% reportó que constantemente, o con frecuencia, quería tomar agua.
- 80% dijo que casi siempre tenía frío, aun en climas cálidos.

> El 82 por ciento de las respuestas de pelirrojos y castaños rojizos eclipsa al estimado de dos a diez por ciento de la gente de cabello rojo o castaño rojizo natural en la población en general. Aparentemente, el cabello rojo es una anomalía genética. En una época, las mujeres pelirrojas eran acusadas de practicar brujería. En los siglos XVI y XVII, mataban a las mujeres europeas pelirrojas durante las cacerías de brujas. ¿Pudieron ser gente del mar que conservó su capacidad y sus conocimientos mágicos?

Como ya mencioné, la gente del mar debe vivir cerca de cuerpos de agua para sentirse sana y feliz. A las hadas sirenas les atraen los ríos y los lagos, mientras que los ángeles sirenas, las sirenas místicas y las estrellas sirenas se sienten conectadas con el mar. Mucha gente del mar tiene recuerdos o disfrutan las historias sobre la Atlántida y Lemuria, que son dos antiguas civilizaciones del mar.

Igual que en el caso de otros reinos, la gente del mar luce como sus contrapartes espirituales. Las sirenas femeninas parecen sirenas con figuras curvilíneas tipo reloj de arena, con cierta preferencia por usar ropa color turquesa. Las sirenas masculinos son atléticos, estilizados y elegantes. Ambos géneros prefieren traer el cabello largo, y su cabellera tiene ondas naturales. La mayoría es pelirroja natural.

La gente del mar reporta que siente frío con facilidad, y prefiere vacacionar o vivir en climas tropicales. Aunque les encanta nadar, la gente del mar evita las albercas con cloro porque son sensibles al olor y la sensación de éste.

Con frecuencia, las sirenas tienen sed y la mayoría tiene problemas de estreñimiento. Por lo general, tienen una botella de agua a la mano, y evitan la fruta seca porque tiende a drenarles el agua de su sistema. La gente del mar tiene piel seca en los pies, los dedos y los talones. Su sensibilidad al agua también causa que sea muy selectiva con la marca de agua embotellada que beben. Casi siempre se les antojan ensaladas con algas, vegetales del mar y nori (la hoja de alga con la que se envuelve el *sushi*), quizá porque su cuerpo necesita los nutrientes especiales del mar.

La mayoría de las personas adora a los delfines, pero la gente del mar es fanática de ellos. También les gustan las ballenas, las aves marinas, los caballitos de mar, las libélulas y demás seres que habitan en el agua. Muchas sirenas dedican su tiempo como voluntarias o donan dinero para apoyar caridades o eventos que protegen los océanos, los lagos y los ríos. Sus vacaciones favoritas son en las playas tropicales, y viven cerca de cuerpos de agua o lo anhelan. También recogen con diligencia la basura de las playas y los lagos.

Existen varias subcategorías de gente del mar, entre ellas:

—**Sirenas ángeles**: Como híbrido mitad ángel encarnado y mitad fuerza de la naturaleza (la sirena es parte del reino de las fuerzas de la naturaleza), las sirenas ángeles vacilan entre ser agradables y desagradables. Las sirenas ángeles femeninas se parecen a los ángeles encarnados, con cuerpos voluptuosos; juveniles rostros en forma de corazón; y cabello en capas y con luces. Pero son ángeles encarnados que han vivido en la línea. Es posible que tengan historias de abuso de drogas y alcohol, de traición en sus relaciones, e incluso antecedentes criminales. Sin embargo, su corazón es puramente angélico en lo más profundo.

—**Sirenas hadas**: Este híbrido es totalmente de las fuerzas de la naturaleza, así que las sirenas hadas no tienen disculpa por ser fiesteras en el mar, los lagos o los ríos. Disfrutan los cócteles mientras observan las puestas del sol al lado del mar, paseando en un barco o descansando en la playa. Las sirenas hadas pueden ser perfeccionistas con sus parejas románticas, lo que las lleva a una larga sucesión de novios y novias. Aunque las sirenas hadas te dirán que están buscando satisfacción eterna en una relación divertida y financieramente segura —ay, ¿dije divertida?—. Les encanta acampar, hacer excursiones y estar cerca de los lagos y los ríos que hay en las montañas. Tienen un lazo especial con las hadas del agua, que se llaman duendecillos, y las libélulas.

—**Sirenas estrellas:** A la gente de las estrellas le encanta estar cerca del mar, pero este híbrido se siente especialmente atraído por el mar. Las sirenas estrellas prefieren hacerse a la mar, nadar, surfear, bucear o hacer snorkel solas (o con un acompañante especial digno de confianza). Las sirenas estrellas les encanta especialmente mirar el cielo estrellado mientras navegan en un barco en medio del mar. Se conectan con sus planetas a través de la energía de los iones de agua.

—**Sirenas místicas**: Este reino híbrido es una mezcla de sabios y gente del mar. Tienen la nerviosa personalidad de las fuerzas de la naturaleza combinada con la seriedad de los sabios. Les encanta enseñar, sobre todo si se trata de delfines, ballenas, la Atlántida, ecología marina, buceo, navegación, o cualquier otro conocimiento relacionado con el mar.

—**Delfines encarnados**: Este híbrido se trata de delfines que tomaron forma humana para que la gente escuche su mensaje con claridad. Pero su apariencia desmiente su verdadera identidad. Los cuerpos de los delfines encarnados tienen forma de delfines reales. Su estómago ligeramente protuberante le da a su cuerpo las mismas dimensiones que el de un jugador de futbol americano. La mayoría de los delfines encarnados tiene ojos grises, justo como los delfines del mar.

La mayoría de los delfines encarnados tiene ojos grises, como sus contrapartes del mar.

Los delfines encarnados también comparten la misma sonrisa que los delfines que habitan en el océano. Casi todos los delfines encarnados tienen profesiones relacionadas con el mar, es decir, son biólogos marinos, oceanógrafos, capitanes de barco o ecologistas marinos. Son apasionados de la conservación de la ecología del mar y son magníficos maestros en esa área. Pero, debido a que su origen es el delfín, este reino sabe cómo relajarse, jugar y coquetear mientras cumple con sus responsabilidades. Como están acostumbrados a nadar en estanques, los delfines encarnados por lo general son muy sociables. Les encantan las discusiones largas y alegres.

Por ejemplo, una mujer que conozco que se llama Gayle ama a los delfines, y con frecuencia encabeza excursiones de grupo para nadar con ellos en locaciones exóticas. Hasta parece delfín, con su elegante cuerpo redondo y ojos ovalados. Curiosamente, Gayle dirige una empresa de albercas. Su signo solar es Piscis, el signo del pez, un signo de agua. Dice: "Me encanta el mar y tengo que pasar tiempo en él para recargarme. Adoro a los delfines y a las ballenas, y dedico mucho tiempo a nadar con ellos en el mar. Les pregunté a mis guías por qué me siento tan conectada con el mar y me respondieron: 'Porque, Gayle, eres del mar'. Al principio, no entendí a qué se referían. Ahora creo que fui un delfín antes".

Además de los delfines encarnados, también he conocido algunas ballenas encarnadas y no, no son tan obesas. Mientras que los delfines encarnados tienen la personalidad juguetona de las fuerzas de la naturaleza, las ballenas encarnadas tienen la energía protectora y cariñosa de los arcángeles. A las ballenas encarnadas les fascinan las ballenas que viven en el mar, y con frecuencia son abogados, activistas, biólogos marinos, marineros o buceadores para dedicar tiempo a estudiar a las ballenas.

Éstos son los híbridos más importantes que me han sido revelados desde que enseño este material a los asistentes a mis talleres. Aquellos que no se identifican con ninguno de los reinos siguen ayudándome a ubicar otros híbridos. Sin embargo, algunas personas son un desafío para todas las categorías de los reinos. Para ellos, hemos desarrollado otras maneras de ver a los reinos mixtos, como leerás a continuación.

Capítulo 7

Si sientes que perteneces a varios reinos…

Cerca del diez por ciento de los participantes de mis talleres que escucha la descripción de los reinos de los ángeles terrenales me dice: "¡Siento que pertenezco a más de una categoría!" Esos ángeles terrenales saben que son trabajadores de la luz, pero no tienen claro cuál es su reino. Aquí presento algunos puntos a considerar:

1. Energía: sintonízate con tu "huella de energía" general

La energía de un(a):	Es:
Ángel encarnado	Dulce y cariñosa.
Fuerza de la naturaleza encarnada	Cálida, juguetona y traviesa.
Gente de las estrellas	Útil, tranquila e indiferente.
Sabio	Seria, intensa y majestuosa.
Duende	Seria y simpática alternativamente.
Ángel místico	Seria, intensa, dulce y cariñosa.
Gente del mar	Alterna entre ser rebelde y tolerante.
Caballero paladín	Atenta y educada, pero socialmente uraña.

2. Apariencia física

Gente de este reino:	Tiene estas características físicas:
Ángeles encarnados	Rostros bellos o angelicales con cuerpos largos.
Fuerza de la naturaleza encarnada	Parecen versiones grandes de hadas, elfos, duendecillos y gnomos.
Gente de las estrellas	Alta y desgarbada, o baja con cuerpos delgados o largos. Tienen ojos y facciones poco comunes. Visten ropa sencilla y usan poco maquillaje.
Sabio	Rostros largos, con miradas perdidas en la lejanía. Usan camisas y vestidos sueltos de colores oscuros, y casi siempre tienen cabello largo, prematuramente cano.

Duende	Muchos se ven como duendes. Prefieren la ropa de color verde y de tonos terrosos. Suelen tener un brillo especial en sus ojos.
Ángel místico	Rostro atractivo, cuerpo largo y expresión facial muy seria.
Gente del mar	Las mujeres tienen cuerpos curvilíneos en forma de reloj de arena. Sus ojos tienden a ser verdes y el cabello rojo. Hombres y mujeres prefieren el cabello largo. Con frecuencia usan ropa color turquesa o de tono verde azulado.
Caballero paladín	Altos, cuerpo largo, mirada intensa.

3. Intereses

Gente de este reino:	Se concentra en:
Ángeles encarnados	El trabajo de servicio y sanación, manteniendo relaciones tranquilas y felices.
Fuerza de la naturaleza encarnada	La enseñanza, el entretenimiento, las artes y el medio ambientalismo.
Gente de las estrellas	La energía de sanación, Reiki en especial; avances tecnológicos, y son útiles cuando se les necesita.
Sabio	La enseñanza y la práctica de la espiritualidad mística, síquica y basada en la Tierra.
Duende	La enseñanza, música, narración, bromas inocentes.

Ángel místico	La enseñanza de la sanación.
Gente del mar	Delfines, ballenas, deportes acuáticos, el mar, Lemuria y la Atlántida.
Caballero paladín	Conservar la justicia, la verdad y la libertad; proteger las causas "desvalidas" y justas.

El alma en evolución y el metamorfo

Si aún no sabes cuál es tu reino, quizá provengas de uno que todavía no se descubre. O es posible que seas un "alma en evolución" o un "metamorfo". (Ya antes llamamos aficionados al grupo den los metamorfos). Esto significa que pasas de un reino a otro o estás un tiempo en un reino y otro por el mero placer de la variedad y el crecimiento.

—**El alma en evolución**: si eres un alma en evolución, pasas de un reino a otro, por eso no te identificas con ninguno. Tal vez dedicaste muchas vidas a un solo reino y aprendiste todo lo que pudiste de esa experiencia y decidiste entrar a otro. No te identificas completamente con el grupo que acabas de dejar, ni con el que acabas de entrar.

Si te parece que es tu caso, date tiempo para acostumbrarte al nuevo grupo y no te juzgues con dureza por sentirte desconectado. Los ángeles terrenales de la categoría de las almas en evolución se sienten distanciados —y no sólo te sientes diferente a los humanos, ¡también a los otros ángeles terrenales!—. Te sientes como el último niño que eligen para el equipo de softball, que nadie te quiere, ni te aprecia.

No olvides que son sentimientos temporales, y reza pidiendo ayuda espiritual para que sepas que no estás solo y que sí te quieren y te aprecian. Después de todo, fuiste muy valiente al cambiar de reino y quizá lo hiciste con la noble intención de ayudar más al mundo.

—**El metamorfo**: algunas almas desean variedad, emoción y riqueza de experiencias. Si eres metamorfo, como "un niño en una tienda de dulces", no puedes decidir qué quieres y eliges todo lo que hay en el menú. Los metamorfos son ángeles terrenales que andan de reino en reino. Nunca te quedas en una familia en particular. En vez de eso, tomas lo que cada reino tiene para ofrecerte. Simultáneamente, le das regalos a cada reino producto de las lecciones que aprendiste en otros reinos de ángeles terrenales. Los metamorfos se adaptan rápido a las nuevas situaciones y a la gente, como los niños que se cambian de casa con frecuencia y asisten a diferentes escuelas, desarrollan la capacidad de adaptarse rápido.

Si eres un alma en evolución o un metamorfo, eres como una abeja que va de flor en flor, tomando y dejando alimento en su viaje. Ofreces servicios muy valiosos porque llenas a los reinos de sangre fresca, ideas nuevas y vitalidad renovada.

También puedes ser de un reino que no se ha descubierto. Conforme el mundo crece, se requieren nuevas misiones. Y si eres una de las almas que da inicio a esas misiones, ¡que Dios te bendiga por tu servicio!

Misión de las almas en evolución y metamorfos

Las almas en evolución y los metamorfos entran en dos grupos diferentes: los pensadores independientes y los adaptadores. Los primeros son individuos responsables y no conformistas radicales que se enorgullecen de ser forasteros. Creen que "normal" equivale a ser sentenciado a la mediocridad. Los pensadores independientes son defensores de las causas humanitarias y ambientalistas, a menos que las causas sean muy populares. No les gusta estar a la moda y prefieren su característica de únicos lejos de las masas y el populacho.

No sorprende que los libres pensadores sean mejores como trabajadores independientes en áreas artísticas o en inventos. No les gustan las normas, las reglas, ni los sistemas de "autoridades" externas. Las carreras ideales para los pensadores independientes son las bellas artes, las manualidades, el mundo editorial, la escritura o la fotografía.

Los metamorfos aman las carreras que les producen emoción y la oportunidad de aprender. Son mejores para trabajar con la gente que los pensadores independientes. Las carreras ideales para ellos son las relacionadas con los viajes (como guías de turista o en un crucero), representantes de talentos o cazatalentos (hacer realidad los sueños de otras personas), y las ventas de productos o servicios en los que verdaderamente crean los metamorfos.

Guía y sugerencias si eres un alma en evolución o metamorfo

— **Respeta tu decisión de independencia.** Las almas de este no reino por lo general no son conformistas y no les agrada la muchedumbre. La tierra necesita su fuerza y poder en este momento, así que por favor no la diluyan tratando en encajar en un grupo en particular (a menos que sea algo natural).

— **Predica la libertad.** Muchos seres humanos permiten que las autoridades reinantes los controlen. Con tu rechazo al conformismo o a ser atado, les enseñas las alternativas. Entre más luches por cosechar la felicidad personal y la paz, más eficaces serán tus enseñanzas. Recuerda que primero predicamos con el ejemplo, y después surgen las oportunidades para enseñar.

— **Manifiesta, manifiesta, manifiesta.** Como tiendes a trabajar fuera de los sistemas, necesitan confiar en tu poder personal de manifestación para mantenerte económicamente. Recuerda que no existen palabras, ni pensamientos neutros, así que todo lo que piensas y dices crea tu futuro. Por lo tanto, piensa en lo que deseas, no en lo que temes.

Epílogo

¡Contamos contigo! Ángel terrenal, gracias por estar en el planeta en este momento. ¡Con tu gran energía de amor, nos ayudas con tu sola presencia! Y, como ya te diste cuenta, te falta mucho más. Elegiste venir aquí en una época crucial en la historia de nuestro planeta para llevar a cabo un gran cambio, utilizando tus recursos naturales de talentos combinados con acciones armoniosas.

A menos que las masas adquieran una visión diferente del medio ambiente y de cada individuo, la vida como la conocemos no puede continuar. Estás aquí para enseñar alternativas, Sabrás qué debes enseñar cuando descubras tus pasiones, lo que te emociona, lo que te angustia o lo que te hace enojar. Por ejemplo, quizá estás aquí para enseñarnos, a tus compañeros humanos, cómo manifestar las necesidades materiales para que no compitamos, robemos o provoquemos una guerra para conseguir lo que queremos. O es posible que estés aquí para enseñarnos sobre la necesidad vital de proteger nuestro aire, nuestra agua y la calidad de nuestra tierra. Tal vez debes mostrar maneras más sanas de criar y educar a los niños. Hay cientos de temas muy importantes que enseñar en este momento.

¿Cómo enseñas? Como puedas; por ejemplo, siendo un ejemplo a seguir, escribiendo libros, escribiendo artículos, mandando cartas a los editores de publicaciones, participando en sistemas educativos y gubernamentales, y/o dando conferencias o apareciendo en medios de comunicación.

Una cosa está clara, necesitamos ángeles terrenales que estén dispuestos a ser líderes. Los viejos sistemas que carecen de integridad comienzan a caer, como corporaciones e iglesias con historias de abuso. La nueva energía ya no tolerará, ni ocultará la energía oscura. La oscuridad en los sistemas educativo, gubernamental y legal también hace que se tambaleen. Conforme se dan estos cambios, los ángeles terrenales líderes (como tú) pueden alejar a la gente del pánico y el pesimismo, y guiarla hacia la idea de que lo viejo sea reemplazado por algo mejor.

Todos contamos contigo para que tomes las riendas de tu misión y la abraces completamente. Cualquier paso que des es útil y urgentemente necesario en este momento dado que proviene de tu intención de ayudar. Por favor, no retrases el avance en espera de descubrir cuál es exactamente tu misión, qué paso dar, o recibir una garantía irrefutable de que lo conseguirás. Hacer lo que sea que provenga del amor de tu corazón es útil, así como los pequeños regalos dados a una causa que vale la pena se añaden a una donación considerable. Empieza donde quieras, pero ¡lánzate!

A lo largo del camino, por favor cuida bien de tu cuerpo físico, es una herramienta muy importante para tu misión. Muchos ángeles terrenales como tú nunca han tenido un cuerpo físico, por eso abusas de él o lo descuidas. Si lo alimentas con comida y bebidas orgánicas, haces ejercicio con frecuencia y descansas bien, tendrás más energía para tu misión.

Hace algunos años, un ángel terrenal con mucha influencia de nombre Louise L. Hay (a quien mencioné varias veces en este libro) fue guiada para que escribiera sus opiniones de la relación entre las enfermedades físicas y los pensamientos subyacentes. ¡Ningún editor quiso publicar su material! Entonces, en lugar de darse por vencida, mecanografió e imprimió varias copias del manuscrito. Después, sintió la necesidad de dar talleres sobre el tema. Al principio, sólo dos o tres personas asistían a sus ponencias; hoy, el manuscrito,

Sana tu cuerpo, ha ayudado a muchísima gente y sirvió de base del best seller *Tú puedes sanar tu vida*, que ha vendido 30 millones de copias en todo el mundo. Ahora, cuando Louise da conferencias, ¡asisten miles de personas!

¿No te da gusto que Louise no se haya desanimado con respecto a su misión y que haya perseverado? Hay docenas de historias similares de gente que ha hecho del mundo un lugar mejor y cuyos comienzos fueron muy humildes.

Tu verdadero yo es una creación de amor, mientras que tu ego es creación del miedo. Las metas de tu ego son hacerte sentir pequeño, inadecuado e impotente, pero ¿cómo un ser que está hecho a imagen y semejanza del Creador no puede ser poderoso y sabio?

Tu ego sabe que si recuerdas tu verdadera naturaleza espiritual (perfecta, poderosa, creativa e inteligente), perderá su fuerza para asustarte, por eso te alimenta con mentiras como: "Si te vuelves poderoso, abusarás de ese poder. La gente no te querrá tanto. La gente te tendrá envidia", etcétera. ¡Por favor, por favor, no escuches al ego! Dile que vaya a sentarse a la esquina y que despotrique solo. Trátalo como a una mosca molesta y no le hagas caso.

Los ángeles dicen: "Si te pones nervioso, concéntrate en el servicio". El nerviosismo es producto de la preocupación del ego sobre la opinión de los demás. Pensar: "¿Cómo puedo darle más amor y más luz a esta situación en este momento?", provoca a los dones y al poder espiritual de tu yo superior.

Recuerda que entre más grande es la misión, más grande es el miedo; hay una correlación. Entre más gente ayudes, más fuerza usará tu ego para detenerte. Tu ego te anima para que retrases tu misión, preparando en lugar de haciendo. El ego dice: "Primero tienes que bajar de peso, hacer dinero, casarte, divorciarte, mudarte, graduarte, que publiquen tu trabajo, abrir un centro de sanación, etcétera y entonces podrás ayudar al mundo". ¡Qué tontería!

Ángel terrenal, ¡ya estás preparado para tu misión! ¡No habrá un día más perfecto que hoy para trabajar en ella! ¡Aunque sientas que no estás preparado, ni calificado, hazla! El escritor Sheldon Kopp una vez expresó: "Nunca he iniciado una aventura importante para la que no me haya sentido preparado". En otras palabras, quizá nunca sientas que estás completamente preparado para tu misión, así que no tiene caso esperar.

Reza por tareas diarias que te indiquen cómo puedes ayudar a limpiar la Tierra y a conseguir un medio ambiente más tranquilo. Tus oraciones serán respondidas en forma de oportunidades para que enseñes y sanes. Conforme estas puertas vayan abriéndose, por favor, no te des la vuelta, ni corras hacia otro lado, Estás listo. Mereces hacer este hermoso trabajo, y estás preparado... ¡ahora!

Bibliografía para ángeles terrenales

Libros para ángeles encarnados

Que yo sepa, no existen muchos libros sobre ángeles encarnados (sólo este libro), pero a continuación encontrarás algunos títulos que te servirán si perteneces a este reino:

Alberti, Robert E., y Emmons, Michael L., *Con todo tu derecho*, Ediciones Obelisco, 2006.

Smith, Manuel J, *Cuando digo no, me siento culpable*, Debolsillo, 2003.

Stanlee, Phelps, y Austin, Nancy, *La mujer asertiva*, Ediciones Obelisco.

Grupos de apoyo para ángeles encarnados

Aunque los grupos que se mencionan a continuación no son específicamente para ti, ángel encarnado, te ayudarán a conocer tus límites y tu firmeza, y te brindarán apoyo para reconocer tu poder personal. Las reuniones se llevan a cabo en todo el mundo. Puedes conseguir información sobre ellas poniéndote en contacto a:

Al-Non

Corporate Landing Parkway 1600
Virginia Beach, VA 23454-5617
Correo electrónico: wso@al-anon.org *
www.al-anon.org

Codependientes anónimos
P.O. Box 33577
Phoenix, AZ 85067-3577
Correo electrónico: outreach@coda.org
www.coda.org

Grupos de lectura para *Un curso de milagros*

El libro *Un curso de milagros* es una bibliografía estupenda que te ayudará a sanar la culpa. El libro lo encuentras en cualquier librería, o puedes bajar gratis una copia no editada del original escribiendo las palabras Urtext+A Course In Miracles en cualquier buscador de Internet (*Google*, por ejemplo). Los grupos de lectura de este libro te parecerán una red de apoyo bastante útil. Encontrarás una lista de grupos de lectura en:

Miracle Distribution Center
3947 E. La Palma Ave.
Anaheim, CA 92807
(714) 632-9005 fax: (714) 632-9115.
Correo electrónico: info@miraclecenter.org
www.miraclecenter.org

Libros para y sobre fuerzas de la naturaleza encarnadas

Helliwell, Tanis, *Un verano con los duendes, una historial real*, Editorial Sirio, 2008.

Kelly, Penny, *The Elves of Lily Hill Farm*, Lily Hill Publishing, 2005.

Virtue, Doreen, *Sanación con las hadas*, Grupo Editorial Tomo, 2007.

Libros sobre gente de las estrellas

Cannon, Dolores, *Keepers of the Garden*, Ozark Mountain Publishing, 1993.

Mandelker, Scott, *From Elsewhere: Being E.T. in America*, Carol Publishing Books, 1995.

Mandelker, Scott, *Universal Vision: Soul Evolution and the Cosmic Plan*, U.V. Way Publishing, 2000.

Montgomery, Ruth, *Aliens Among Us*, Fawcett Publishing, 1986.

Steiger Brad & Francie, *The Star People*, Berkeley Publishing Group, 1986.

Steiger, Brad, y Steiger Hansen, Sherry, *Starborn*, Berkeley Publishing Group, 1992.

Zoev Jho, y Luppi, Diana, *E.T. 101 Manual de instrucción cósmica*, Ediciones Obelisco.

Libros sobre gente del mar

Virtue, Doreen, *Ángeles y Diosas*, 2005.

Acerca de la autora

Doreen Virtue es clarividente y metafísica con licenciatura, maestría y doctorado en terapia psicológica (Psicología). Como ex psicoterapeuta, Doreen ahora da talleres sobre temas relacionados con sus libros y sus cartas del oráculo. Es autora de libros como *Sanación con ángeles* (libro y cartas del oráculo), *Sanación con hadas* (libro y cartas del oráculo), *Mensajes de tus ángeles* (libro y cartas del oráculo), entre muchos otros. Ha aparecido en programas de televisión como *Oprah*, CNN y *Good Morning America*, y ha colaborado en periódicos y revistas de todo el mundo. Si quieres información sobre los talleres de Doreen, por favor visita su página: www.AngelTherapy.com.

TÍTULOS DE ESTA COLECCIÓN

- *Arcángeles y maestros ascendidos.*
- *Cómo escuchar a tus ángeles.*
- *Medicina de ángeles.*
- *Mensajes de tus ángeles.*
- *Números angelicales.*
- *Reinos de los ángeles terrenales.*
- *Sanación con hadas.*
- *Sanación con los ángeles.*
- *Terapia con ángeles.*

Esta obra se Imprimió
En los talleres de
IMPRESOS MEGAUNIÓN S. A. de C.V.
Calle 10 № 1 esq. Av 6 pte
Col. Renovación Deleg. Iztapalapa
C. P. 09209 México D. F.
Tel: 15 46 31 62